B Böhm

Anleitung zur Buch- und Rechnungsführung für Privatforstreviere

B Böhm

Anleitung zur Buch- und Rechnungsführung für Privatforstreviere

ISBN/EAN: 9783744609449

Hergestellt in Europa, USA, Kanada, Australien, Japan

Cover: Foto ©Andreas Hilbeck / pixelio.de

Weitere Bücher finden Sie auf **www.hansebooks.com**

Anleitung

zur

Buch- und Rechnungsführung

für

Privatforstreviere.

Von

B. Böhm,

Forstassessor an der Königlichen Regierung in Stettin.

Neudamm 1897.

Verlag von J. Neumann,

Verlagsbuchhandlung für Landwirtschaft und Gartenbau, Forst- und Jagdwesen.

Inhalts-Verzeichnis.

Vorwort.

Der Oberförster Schilling hat sich durch Herausgabe der „Betriebs- und Ertragsregelung eines ca. 1500 ha großen Privatwaldes" das Verdienst erworben, die Aufmerksamkeit der Privatforstbesitzer und deren Beamten auf diese Materie, die für den Betrieb eines Forstrevieres von großem Wert ist, zu lenken. Wenn er auch selber betont, daß ohne spezielle Übung und Erfahrung schwerlich jemand allein nach dieser Anleitung einen Betriebsplan aufzustellen im stande sein wird, so ist doch immerhin das Verständnis für den Nutzen einer solchen Arbeit geweckt.

Durch den Betriebsplan wird angegeben, wieviel Holz in einem Walde, unbeschadet seiner Nachhaltigkeit, geschlagen werden kann, und welche Bestände am zweckmäßigsten zum Einschlag kommen, dergestalt, daß die dem Wald drohenden Gefahren durch Wind, Feuer, Insekten rc. möglichst vermieden werden. Die Verwertung des zum Einschlag kommenden Materials bleibt schließlich dem Ermessen des jeweiligen Beamten überlassen. Der Nachweis hierüber kann nur durch eine geregelte Buchführung geführt werden, sie läßt in erster Linie erkennen, ob die Verwertung günstig oder ungünstig erfolgt ist, durch sie wird man am sichersten darauf aufmerksam gemacht, wo und in welcher Weise die Ausgaben in keinem Verhältnis zu den dadurch erzielten Einnahmen stehen und wo die Hebel anzusetzen sind, um die Rentabilität zu erhöhen.

Die Art und Weise, wie die Buchführung in den Privatforstrevieren gehandhabt wird, ist außerordentlich verschieden. Schon der Umstand, daß die Forstleute im allgemeinen keine Freunde vieler Schreibereien sind, ist die Veranlassung, daß die Buchführung möglichst einfach gemacht wird, in vielen Fällen so einfach, daß es schwer wird, eine Übersicht zu bekommen und eine Kontrolle auszuüben. Und beides ist für geordnete Verhältnisse nicht allein wünschenswert, sondern auch nötig. Es wird zwar viel gelächelt über „Schema F"; im Rechnungswesen dagegen ist das Schema F von unendlichem Wert. Finden wir doch oft in Privatforsten, wo mehrere Forstbeamten angestellt sind, daß jeder seine eigene Rechnungsmethode und daß jeder womöglich auch noch seine besonderen Formulare hat. Ferner finden wir häufig, daß hier der Beamte zugleich Kassenführer ist, während dort für die Kassengeschäfte ein besonderer Beamter angestellt ist.

Es wird auch häufig eingesehen, daß die Buchführung nicht praktisch ist, aber zu einer Änderung kommt es in der Regel nicht, weil man nicht weiß, wie und wo man ändern soll, und weil jede Änderung in der Regel durch die Beschaffung anderer Rechnungsbücher auch mit Kosten verknüpft ist.

In nachfolgendem ist der Versuch gemacht, nach dieser Richtung hin Ratschläge zu geben, und da das Beispiel viel überzeugender wirkt als alle langatmigen Beschreibungen, so sind zugleich die in den Text gedruckten Formulare ausgefüllt, um sowohl ihre Benutzung zu veranschaulichen, als auch um den Zusammenhang der verschiedenen Bücher zur Darstellung zu bringen. Die Zahlen dienen jedoch lediglich zur Verdeutlichung der Eintragungen, sie sind ganz willkürlich herausgegriffen, wie es für den vorliegenden Zweck am geeignetsten erschien. Allgemeine Betrachtungen über die Wirtschaftsführung dürfen an diesem Beispiel daher nicht gemacht werden.

Das Verfahren, wie es hier zur Darstellung gelangt, ist im wesentlichen demjenigen ähnlich, welches in den preußischen Staatsrevieren üblich ist. Hat sich ein Verfahren in einem so ausgedehnten Wirtschaftsgebiete und unter so verschiedenen Verhältnissen bewährt, so darf man getrost annehmen, daß es gut ist. Selbstverständlich sind Vereinfachungen, wo sie sich irgend vornehmen ließen, gemacht worden, ob überall hierin das Richtige getroffen ist, wird die Praxis lehren. Gutgemeinte Ratschläge werden gern entgegengenommen, damit unter Verwertung der verschiedentlich gesammelten Erfahrungen das Büchlein immer vollkommener werde, zum Nutzen der Beamten und — der Kasse ihrer Brotherren.

Stettin, im Herbst 1896.

Der Verfasser.

I. Einleitung.

Kap. 1. Größe des jährlichen Einschlags.

Wirtschaftsführung mit und ohne Betriebsplan.

Die wichtigste Frage, die bei der Bewirtschaftung eines Waldes in erster Linie zu beantworten ist, lautet: Wieviel Holz kann jährlich geschlagen werden, ohne die Ertragsfähigkeit des Waldes zu vermindern? oder mit anderen Worten: Wie hoch ist der jährliche Einschlag zu bemessen, wenn der Wald nachhaltig bewirtschaftet werden soll? Man hört vielfach sagen, daß der Wald gewissermaßen ein Kapital und der jährlich an ihm erfolgende Zuwachs die Zinsen darstelle, und daß man den Wald nachhaltig bewirtschafte, wenn man den Einschlag nicht höher normiert, als der jährliche Zuwachs beträgt. So einfach liegen die Verhältnisse nun allerdings nicht, die Annahme trifft bis zu einem gewissen Grade nur dann zu, wenn der Wald in einem geregelten Zustande sich befindet, d. h. wenn die verschiedenen Altersabstufungen in normaler Größe und in normaler Beschaffenheit vorhanden sind.

Die sicherste Auskunft über die jährliche Nutzungsgröße gewährt nur ein regelrecht ausgearbeiteter Betriebsplan, er giebt uns in dem Abnutzungssatz die Masse an, ausgedrückt in Festmetern Derbholz, die jährlich geschlagen werden kann.

Der Abnutzungssatz zerfällt in der Regel in zwei Massenangaben:
1. die Massen, die aus den zum definitiven Abtrieb in der nächsten Zeit, der sog. I. Periode, bestimmten Flächen entnommen werden sollen, gleichviel, ob dies durch flächenweisen Abtrieb oder durch Aushieb einzelner Stämme geschieht — die Hauptnutzung, und
2. die Massen, die alle jüngeren, nicht der I. Periode angehörigen Bestände liefern — die Vornutzung.

Für die Reviere, die nach einem Betriebsplan wirtschaften, ist die Größe des jährlichen Einschlags durch den Abnutzungssatz gegeben, und es handelt sich hauptsächlich darum, daß nun auch thatsächlich nach den Angaben des Planes gewirtschaftet wird, und daß etwaige absichtliche oder unabsichtliche Abweichungen allmählich wieder ausgeglichen werden. Die Ausgleichung geschieht durch das Kontrollbuch, auf dessen Einrichtung und Führung erst später eingegangen werden kann, da zum richtigen Verständnis desselben die Buchführung als bekannt vorausgesetzt werden muß.

1*

Schwieriger und überhaupt nur annähernd ist dagegen die Feststellung des jährlichen Hiebsquantums zu bewirken, wenn ein Betriebsplan nicht vorliegt. Zu ganz oberflächlicher Weise kann dies folgendermaßen geschehen: Die Fläche des Revieres sei im ganzen z. B. 1000 ha groß und sei im Durchschnitt Kiefernboden IV. Bonität. Wenn nun ein 100jähriger Umtrieb unterstellt wird, so kann unter normalen Zuständen jährlich der ¹⁄₁₀₀ Teil der Fläche (also 10 ha) genutzt werden. Dies ist aber nur dann richtig, wenn die Bestände in solcher Altersabstufung vorhanden sind, daß diese Nutzungsgröße auch dauernd an altem, der Umtriebszeit entsprechendem Holz bezogen werden kann. Sind beispielsweise an hiebsreisem, 80—100jährigem Holze 200 ha vorhanden, fehlen dagegen die 60—80jährigen Bestände ganz, so würde bei Beibehaltung der Nutzungsgröße von 10 ha nach 20 Jahren das alte Holz aufgezehrt sein, und man müßte nunmehr in jüngerem, 60—80jährigem Holze schlagen. Dasselbe, nur 40 Jahre später, tritt ein, wenn die Bestände von 40—60 Jahren fehlen oder nicht in genügender Flächengröße vorhanden sind. Um in geregelte Verhältnisse wieder zu kommen, würde es in diesem Fall unerläßlich sein, die Nutzungsgröße für die nächste Zeit herabzusetzen, um durch Einsparungen sich einen Vorrat für die späteren Abtriebsperioden zu verschaffen. Diese wenigen Andeutungen werden genügen, um darzuthun, daß bei Bestimmung des jährlichen Hiebssatzes auch auf das Vorhandensein der jüngeren Altersklassen Rücksicht zu nehmen ist.

Um zu einem annähernden Resultat zu kommen, ermittele man daher überschläglich die Flächengröße der folgenden Altersklassen: I. 81—100jährige, II. 61—80jährige, III. 41—60jährige, IV. 21—40jährige, V. 1—20jährige. Bei normalem Zustande würde die Flächengröße, da fünf Altersklassen ausgeschieden sind, für jede ⅕ der Betriebsfläche, in unserem Beispiel also 200 ha sein. Sind letztere annähernd vorhanden, so steht nichts im Wege, die 200 ha des 81—100jährigen Holzes für die nächsten 20 Jahre, der I. Periode, zum Abtrieb auszuersehen. Zu erwägen ist dann nur noch, ob nicht aus Zweckmäßigkeitsgründen dieser oder jener schlechtwüchsige oder lückige Bestand der II. Altersklasse (also 61—80jährig) gegen einen gutwüchsigen der I. Altersklasse (81—100jährig) umzutauschen ist. Sind dagegen die Altersklassen nicht in normaler Größe vorhanden, so ergiebt sich aus der Zusammenstellung zugleich, welche Altersklasse zu wenig, welche zu viel Fläche hat. Wenn die älteren Altersklassen ein Plus zeigen, so liegen die Verhältnisse für die nächste Zukunft sehr günstig, man kann die normale Fläche voll nutzen, und was darüber ist, für später zurückschieben. Zeigen die älteren Altersklassen dagegen ein Minus, so wird aus der Zusammenstellung hervorgehen, ob und in welcher Weise dieses Minus durch Vorziehen jüngerer Flächen ergänzt werden kann.

Auf diese Weise würde sich nun schließlich die jährliche Nutzungsgröße, ausgedrückt durch die Fläche, ergeben (z. B. 10 ha pro Jahr). Auf der einen Seite ist der Abnutzungssatz, ausgedrückt durch die Fläche, sehr sicher und bequem, namentlich um sofort jede Abweichung feststellen zu können, auf der anderen Seite aber leidet er an dem Übelstande, daß er absolut keine Gewähr leistet für annähernd gleich große Gelderträge. Werden nämlich nur vollbestandene Flächen mit gutem Holz zum Abtrieb gebracht, so ist naturgemäß der Materialertrag und damit auch der Geldertrag ein höherer, als wenn nur Flächen geschlagen werden, die lückig mit oder schlechtem Holz bestanden sind. Die Folge davon ist, daß auch die Gelderträge außerordentlich schwanken werden, was dem Besitzer meistens unbequem und unangenehm ist. Bleibt dagegen der Materialertrag jährlich immer annähernd gleich, so wird auch der Geldertrag annähernd gleich bleiben, vorausgesetzt, daß die Holzpreise selbst nicht großen Schwankungen unterliegen. Aus diesen Gründen ist es üblich, nicht nach der Fläche, sondern nach der Masse zu schlagen.

Verfolgen wir nun unser obiges Beispiel weiter, so handelt es sich darum, die durchschnittliche Masse zu ermitteln, die einem Flächenabnutzungssatz von 10 ha entspricht. Hierzu muß abgeschätzt werden, wieviel Masse pro Hektar im Durchschnitt die der I. Periode überwiesene Gesamt-Fläche (also 200 ha) liefern kann. Nehmen wir an, es wären im Durchschnitt 200 fm zu erwarten, manche Fläche giebt mehr, weil sie voll-bestandener oder älter, manche Fläche giebt weniger, weil sie lückiger oder jünger als die Durchschnittsfläche ist, so würde sich schließlich als jährlich zu nutzende Masse 10 × 200 = 2000 fm ergeben. Hierzu kommt noch der Ertrag aus den Durchforstungen, der event. nach Gutdünken in Ansatz gebracht werden kann. Ist unsere Schätzung richtig gewesen, so werden bei Innehaltung der 2000 fm nach 20 Jahren die für die I. Periode ausgewählten Flächen gerade aufgebraucht sein; haben wir zu hoch geschätzt, so werden wir schon früher damit zu Ende sein, haben wir zu niedrig geschätzt, so werden noch Flächen übrig sein. Schon im Laufe der Hiebs-führung erhält man jedoch Anhaltspunkte, um event. eine Korrektion eintreten zu lassen (vergl. die Kap. über das Kontrollbuch).

Einen derartigen „Ertragsanschlag" wenigstens sollte sich jeder Waldbesitzer, der auf einen vollständigen Betriebsplan verzichtet, aufstellen, um ein Bild in großen Zügen von dem Zustande seines Waldes und dessen Ertragsfähigkeit zu bekommen. Der auf diese Weise ermittelte jährliche Abnutzungssatz bietet jedenfalls eine größere Gewähr, daß er dem Waldzustand entsprechend bemessen ist, als wenn er lediglich nach Gutdünken festgesetzt wird.

Kap. 2. Einheitsmaß.

Der Abnutzungssatz giebt an, wieviel Festmeter Derbholz jährlich geschlagen werden können; Einheitsmaß ist also 1 fm Derbholz. Unter einem Festmeter versteht man einen Kubikmeter wirkliche (feste) Holzmasse. Wenn wir einen Nutzholzstamm aufmessen, d. h. die Länge und den Durchmesser in der Mitte ermitteln, so erhalten wir aus den Kubiktabellen dessen „Festgehalt", man sagt dann z. B. der Stamm enthält 1,5 fm. Wenn wir einen Meter Kloben u. s. w. aufsetzen, so stellen wir zunächst den Raum her, den ein Kubikmeter enthält, und füllen diesen mit den einzelnen Kloben. Dieser ausgefüllte Raum besteht jedoch nicht nur aus fester Holzmasse, sondern auch aus mit Luft gefüllten Hohlräumen zwischen den eingelegten Kloben, man bezeichnet die Holzmasse, die darin enthalten ist, mit Raummeter. Durch zahlreiche Versuche sind nun Durchschnittszahlen ermittelt, die den Inhalt der festen Holzmasse pro Raummeter für die verschiedenen Sortimente angeben, so daß man nach Beendigung des Hiebes den Gesamteinschlag auf Festmeter reduzieren kann. Der Abnutzungssatz giebt uns ferner nur Derbholz an. Unter Derbholz versteht man die oberirdische Holzmasse über 7 cm Durchmesser, einschließlich der Rinde gemessen, mit Ausschluß des bei der Fällung am Stock verbleibenden Schaftholzes. Der Abnutzungssatz läßt also alles unterirdische Holz — Stockholz — und alles oberirdische Holz unter 7 cm Stärke — Reisholz — außer Betracht.

Kap. 3. Sortimentsbildung.

Durch den Einschlag wird die durch den Abnutzungssatz in Festmetern angegebene Holzmasse in die verschiedenen Sortimente zerlegt. Wie in jedem Geschäft, muß auch hier als erster Grundsatz die strengste Reellität gelten. Die Sortimente müssen in Bezug auf Quantität und Qualität genau das enthalten, was sie enthalten sollen, auf keinen Fall zu wenig, weil hierdurch die Käufer Grund zur Beschwerde haben und sehr bald den Kauf einstellen würden, aber auch nicht zuviel, weil dadurch der Besitzer Schaden leiden würde. In vielen Gegenden ist ein sogenanntes Übermaß üblich. Bei Bau- und Nutzhölzern ist es durchaus verwerflich, bei Raummaß ist, wenn absolut nicht anders möglich, wenigstens genau das Maximum festzusetzen, als solches wird meistens 4 cm in der Höhe für die Kloben und Knüppel und etwas mehr für das Reisig angenommen. Die Länge der einzelnen Trummen (Himpel, Simpel) darf jedoch das vorgeschriebene Maß nicht überschreiten.

Die in den Staatsrevieren üblichen Sortimente sind bei dem großen Publikum am bekanntesten, es empfiehlt sich daher deren Beibehaltung oder Einführung. Hiernach ergeben sich folgende Sortimente:

I. **Derbholz:** oberirdische Holzmasse über 7 cm Stärke, einschl. der Rinde.

   A. **Langholz:** Abschnitte, die kubisch vermessen und berechnet werden.

   1. **Stämme:** Langhölzer über 14 cm Durchmesser, bei 1 m oberhalb der Stammabschnittfläche.

   2. **Stangen:** Langhölzer über 7—14 cm Durchmesser, bei 1 m oberhalb der Stammabschnittfläche.

   B. **Schichtholz:** in Raummaßen aufgesetzt.

   a) **Nutzholz:**

   1. **Nutzkloben:** mit über 14 cm Durchmesser am oberen Ende der Rundstücke.
      Extra großklobiges und durchaus fehlerfreies wird wohl als I. Kl., weniger gutes als II. Kl. bezeichnet.

   2. **Nutzknüppel:** über 7—14 cm Durchmesser am oberen Ende der Rundstücke (II. bezw. III. Kl.).

   b) **Brennholz:**

   1. **Klobenholz** (Scheitholz): ausgespalten aus Rundstücken von über 14 cm Durchmesser am oberen Ende.

   2. **Knüppelholz:** über 7—14 cm Durchmesser am oberen Ende (gespaltenes wird als Knüppel I, ungespaltenes als Knüppel II bezeichnet).

II. **Reisholz:** oberirdische Holzmasse bis 7 cm Stärke.

   A. **Nutzholz:** Reisernutzholzstangen: bis einschl. 7 cm Stärke, bei 1 m oberhalb der Stammabschnittfläche gemessen. Sie werden stückweise (z. B. Hopfenstangen) verkauft und sind nicht identisch mit den lang eingesetzten Stangen aus den Durchforstungen.

B. **Brennholz:**

1. Reiserholz I. Kl.: in meterlange Abschnitte zerschnitten und eingesetzt.
2. „ II. Kl.: lang eingesetzt (Durchforstungsreisig), stärkere Stangen.
3. Reiserholz III. Kl.: Schlagabfallreisig oder kurze, schwächere Stangen aus Läuterungen oder erstmaligen Durchforstungen.
4. Schmuckreisig: Fichten= und Tannengrün zu Dekorationen.

III. **Stockholz:** die gesamte unterirdische Holzmasse (Stock und Wurzeln).

IV. **Rinde:**

1. Nutzrinde: für Gerbereien, wird in der Regel nach Gewicht verkauft (Altholzrinde, Jungholzrinde).
2. Brennrinde: nach Raummaß.

Von den in Raummaßen aufgesetzten Sortimenten gehören hiernach zum Derb= holz: Nutzkloben, Nutzknüppel, Brennkloben (Scheitholz) und Brennknüppel (Knüppel). Für die richtige Vergleichung des Einschlags mit dem Abnutzungssatz, der sich, wie bereits erwähnt, nur auf Derbholz bezieht, ist es von der größten Wichtigkeit, eine strenge Sonderung des Derbholzes von dem Nichtderbholz herbeizuführen, weil sonst die Angaben, wie sie im Betriebsplan gemacht sind, und die diese Sonderung voraussetzen, nicht zutreffen können. Es ist aus diesem Grunde durchaus unzulässig, daß, wie vielfach üblich, in die Stockholzmeter einzelne Knüppel oder Kloben miteingelegt werden, um etwa einen günstigeren Stockholzverkauf dadurch zu erzielen. Der Käufer kauft zwar derartig gemischte Meter gern, zahlt auch höhere Preise dafür, thut dies aber doch nur deshalb, weil er weiß, daß er dabei ein besseres Geschäft macht. Was er dabei verdient, setzt natürlich der Waldbesitzer zu; außerdem hat letzterer auch noch für die eingesetzten Knüppel und Kloben die unvergleichlich höheren Werbungskosten des Stockholzes zu tragen (für Stockholz betragen dieselben etwa 1—1,20 Mk., für Knüppel und Kloben 0,45—0,60 Mk. pro Meter).

II. Forstrechnungswesen im allgemeinen.

Kap. 4. Anstellung eines besonderen Kassenbeamten.

Durch das Forstrechnungswesen soll rechnungsmäßig nachgewiesen werden:

1. die gesamte Material-Einnahme und die damit verbundene Geldausgabe,
2. die gesamte Material-Ausgabe und die dafür erlangte Geldeinnahme,
3. sonstige Geldeinnahmen und Geldausgaben, wofür ein Material nicht in Betracht kommt.

Bei größeren Betrieben tritt in den meisten Fällen eine Teilung der Geschäfte in der Weise ein, daß der Forstbeamte vorzugsweise die Vereinnahmung und Ver= ausgabung des Materials rechnerisch nachzuweisen hat, während ein zweiter Beamter die Vereinnahmung und Verausgabung der Gelder besorgt und hierfür Rechnung legt. Bei dem Jahresabschluß müssen dann selbstverständlich die Schlußsummen der Geldbeträge in den Büchern der beiden Beamten übereinstimmen. Dies kann allerdings nur dann möglich sein, wenn der Kassenbeamte die strenge Vorschrift hat, nur auf besondere Anweisung des Forstbeamten Gelder zu vereinnahmen und zu verausgaben.

Die Anstellung eines besonderen Kassenbeamten empfiehlt sich ganz besonders dadurch, daß der Forstbeamte in den schriftlichen Arbeiten sehr entlastet wird, und daß er sich infolgedessen seinen Berufsgeschäften mehr widmen kann.

Für viele Besitzer ist es nicht schwer, die erwähnte Teilung der Geschäfte durch= zuführen, ohne daß die Ausgaben erhöht werden. Die Buchführung in der Land= wirtschaft, die Besorgung der Amtsvorsteher= und Gutsvorstehergeschäfte, das Standesamt und wie die vielen Ämter heißen, die mit dem größeren Grund= besitz in der Regel verbunden sind, erfordern heutzutage soviel Schreiberei, daß meistens ein ständiger Beamter dafür bereits angestellt ist. Dieser kann sehr gut die Geschäfte eines Kassenbeamten für die Forst mitübernehmen. Selbstverständlich erlangt derselbe damit nicht die Eigenschaft eines Vorgesetzten des Forstbeamten, er hat viel= mehr nur dessen Anordnungen über die Vereinnahmung und Verausgabung von Geldern auszuführen. Nur die rechnerische Prüfung der ihm zugehenden Anweisungen steht ihm zu, denn er bleibt für die Richtigkeit mit verantwortlich, aber diese Prüfung erstreckt sich lediglich darauf, ob richtig addiert, subtrahiert, multipliziert und dividiert ist, nicht aber darauf, ob die angeordnete Vereinnahmung oder Verausgabung der Gelder an sich zweckmäßig ist.

Bei geringer Größe der Forst und bei isolierter Lage wird es dagegen oft nicht möglich sein, für die Kassengeschäfte einen besonderen Beamten anzustellen, einerseits, weil dies zu kostspielig, andererseits, weil der Geschäftsgang dadurch zu schleppend werden würde. In diesem Falle muß der Forstbeamte zugleich auch die Gelder vereinnahmen und verausgaben und hierüber noch specielle Kassenbücher führen. In der nachfolgenden Darstellung ist zunächst angenommen, daß ein besonderer Kassenbeamter angestellt ist, später am Schluß soll angegeben werden, welche Abänderungen eintreten müssen, wenn der Forstbeamte zugleich auch die Kassengeschäfte zu führen hat.

Kap. 5. Übersichtliche Darstellung der Buchführung.

Der Gang des Forstrechnungswesens, in großen Zügen dargestellt, gestaltet sich folgendermaßen:

Die gesamten Geldausgaben und Geldeinnahmen, die sich aus der Verwaltung einer größeren Forst ergeben, sind zum Teil mit der Gewinnung und mit dem Verkauf von den Produkten des Waldes verknüpft, zum Teil aber entstehen sie auch ohne eine Einnahme und Ausgabe von Material, wie z. B. bei den Besoldungen, den Verpachtungen von Wiesen, Seen ꝛc.

Um die Übersichtlichkeit und die Kontrolle zu erleichtern, teilt man die Ausgaben und Einnahmen in verschiedene Titel ein. Zweckmäßig und ausreichend dürften folgende sein:

A. Ausgaben.

Tit. 1: Für Holzwerbung.
 „ 2: „ Gewinnung von Forstneben=
  nutzungen.
 „ 3: Für die Jagd.
 „ 4: „ Kulturen.
 „ 5: „ Besoldungen, Pensionen ꝛc.
 „ 6: „ Staats= und Kommunal=
  steuern.
 „ 7: „ die Arbeiterversicherung.
 „ 8: Insgemein.

B. Einnahmen.

Tit. 1: Für Holz.
 „ 2: „ Forstnebennutzungen.
 „ 3: Aus der Jagd.
  u. s. w.

Diese Einteilung bildet den Rahmen des gesamten Rechnungswesens, sie ist sowohl für den Kassenbeamten, als auch für den Forstbeamten maßgebend.

Der Kassenbeamte verausgabt die Beträge auf Grund der Lohnzettel oder sonstiger Quittungen, bucht sie in seine Kassenbücher unter die verschiedenen Titel, so daß am Jahresschluß jede einzelne Titelsumme und die Gesamtausgabesumme sich ergiebt. In gleicher Weise werden die zur Einnahme kommenden Beträge gebucht. Der Forstbeamte hat zwar in erster Linie über die Einnahme und Ausgabe des Materials Rechnungsbücher zu führen, diese sind jedoch so eingerichtet, daß die infolge=dessen ausgegebenen oder vereinnahmten Geldbeträge ebenfalls nachgewiesen werden. Auf diese Weise wird durch die Bücher des Forstbeamten die Rechnungslegung des Kassenbeamten kontrolliert.

Der Forstbeamte führt folgende Bücher:

1. Das Holzeinnahmebuch. Über das eingeschlagene Holz werden zunächst Nummerbücher aufgestellt. Auf Grund der Nummerbücher werden die Lohnzettel gefertigt. Die Lohnzettel werden mit Material und Geld in das Holzeinnahmebuch eingetragen, dessen Schlußsumme das gesamte eingeschlagene Holz und die dafür verausgabten Schlägerlöhne ergiebt. Letztere müssen übereinstimmen mit dem Betrage, der unter Tit. 1 der Ausgabe in den Kassenbüchern nachgewiesen ist.

2. Das Holzausgabebuch. Jede Abgabe an Holz wird in eine Geld= erhebungsurkunde eingetragen (bei öffentlich meistbietendem Verkauf: Ver= steigerungsprotokoll; bei freihändigem Verkauf: Erhebeliste). Der Abschluß derselben wird in das Holzausgabebuch gebucht, dessen Schlußsumme das gesamte zur Ausgabe gekommene Material und den gesamten Gelderlös ergiebt, letzteren in übereinstimmung mit dem Betrage, der unter Tit. 1 der Einnahme in den Kassenbüchern nachgewiesen ist.

3. Forstnebennutzungs = Einnahmebuch. Zu den Forstnebennutzungen rechnet man: Kies, Lehm, Sand, Steine, Streu, Rohr, Gras, Wald= früchte, Torf, Fischerei u. s. w. In den meisten Fällen findet der Verkauf zur Selbstwerbung statt, so daß Geldausgaben für die Gewinnung dem Wald= besitzer nicht erwachsen. Sofern dies aber der Fall ist, findet die Buchung und Verlohnung in derselben Weise wie bei der Holzeinnahme statt. Es muß also ein Forstnebennutzungs=Einnahmebuch aufgestellt werden, das in der Schlußsumme das gesamte vereinnahmte Material und die gesamten Werbungskosten ergiebt, letztere in übereinstimmung mit dem Tit. 2 der Ausgabe in den Kassenbüchern.

4. Forstnebennutzungs=Ausgabebuch. Es enthält die gesamten veraus= gabten Forstnebennutzungen, auch solche, die gegen Selbstwerbung verkauft sind oder deren Nutzung verpachtet ist. (Eine Materialschlußsumme ist für die auf Rechnung der Forstkasse geworbenen erforderlich, um eine Balance mit der Einnahme zu ermöglichen. Die Summe des Gelderlöses muß übereinstimmen mit dem Betrage, der unter Tit. 2 der Einnahme in den Kassenbüchern nachgewiesen ist.

5. Das Wildeinnahmebuch und das Wildausgabebuch. In dasselbe wird das gesamte erlegte Wild eingetragen und der Gelderlös dafür nach= gewiesen. Da außerdem in der Regel auch noch andere Geldeinnahmen und Geldausgaben aus dem Jagdbetrieb erwachsen, so schließt dieses Buch meist nicht mit denselben Summen wie die Kassenbücher unter Tit. 3 ab, sondern es bildet nur einen teilweisen Belag hierfür.

Außer diesen Büchern, bei denen es sich hauptsächlich um einen richtigen Nachweis des vereinnahmten und verausgabten Materials handelt, führt der Forst= beamte auch noch, um den ordnungsmäßigen Kulturbetrieb darzuthun:

6. den Kulturplan und die Kulturrechnung. Ersterer bildet den Vor= anschlag der sämtlichen, im Laufe des Wirtschaftsjahres auszuführenden Kulturen mit Kostenanschlag; letzterer enthält die wirklich zur Ausführung gekommenen Kulturen mit den entstandenen Kosten. Die Schlußsumme der Kosten muß übereinstimmen mit dem Betrage, den die Kassenbücher unter Tit. 4 der Ausgabe nachweisen.

Die sämtlichen übrigen Einnahme= und Ausgabe=Titel der Kassenbücher werden durch Rechnungsbücher des Forstbeamten nicht belegt. Zum Nachweis der Richtigkeit dienen lediglich die Anweisungen oder Quittungen, und muß der Kassenführer jeden einzelnen Posten mit einer solchen belegen können.

Zur erhöhten Kontrolle der Einnahme ist es vorteilhaft, wenn der Forstbeamte ferner noch

7. das Solleinnahmebuch führt, in das jeder Einnahmeposten sofort eingetragen wird. Durch den Abschluß dieses Buches vermag man jeder=zeit festzustellen, ob auch die sämtlichen Einnahmen in den Kassenbüchern richtig zur Einnahme gestellt sind.

Der Kassenbeamte führt folgende Bücher:

1 Das Geldeinnahme=Journal, in das die Einnahmebeträge, und

2. das Geldausgabe=Journal, in das die Ausgabebeträge sofort und in der Reihenfolge der Vereinnahmung und Verausgabung eingetragen werden. Durch den Abschluß dieser Bücher kann jederzeit die Gesamt=einnahme und die Gesamtausgabe festgestellt werden.

3. Das Geldeinnahme=Manual und

4. das Geldausgabe=Manual, in die die obigen Beträge unter die ent=sprechenden Titel mit Gegenüberstellung zum „Soll" gebucht werden. Unter „Soll" versteht man die Ausgabe= oder Einnahmebeträge, die verausgabt oder vereinnahmt werden sollen, unter „Ist" diejenigen, die thatsächlich verausgabt oder vereinnahmt sind. Der Abschluß erfolgt zunächst nach Titeln; durch Aufstellung einer Rekapitulation erhält man die Gesamtsumme der Einnahme und der Ausgabe und etwaige Abweichungen vom Sollbetrage. Sind sämtliche Ausgabebeträge richtig ausgezahlt und sämtliche Einnahmebeträge richtig eingegangen, so stimmen die Istbeträge mit den Sollbeträgen überein, die noch nicht verausgabten oder verein=nahmten Beträge bilden die „Reste" (Ausgabereste, Einnahmereste).

5. Das Invaliditäts= und Altersversicherungs=Marken=Konto, worin der Verwendungsnachweis der nach Tit. 7 verausgabten Ver=sicherungs=Beiträge an Marken geführt wird.

6. Das Krankenkassenregister (sofern die Krankenversicherung statutarisch eingeführt ist) für die an die Krankenkassen abgelieferten Beiträge.

Kap. 6. Wirtschaftsjahr.

Den Zeitraum, auf den sich die Rechnungslegung erstreckt, nennt man das Wirtschafts= oder das Rechnungsjahr. Aus verschiedenen Gründen pflegt man es nicht mit dem Kalenderjahr übereinstimmend festzusetzen. In den Staatsrevieren unterscheidet man: 1. das Jahr, in dem die Rechnung über das vereinnahmte und verausgabte Material gelegt wird: es umfaßt die Zeit vom 1. Oktober bis 30. September des folgenden Jahres, man nennt es auch das Wirtschaftsjahr; 2. das Jahr, in dem die Rechnung über die vereinnahmten und verausgabten Gelder gelegt wird: es umfaßt die Zeit vom 1. April bis 31. März des folgenden Jahres, man nennt es auch das Rechnungs- oder Etatsjahr. Das Wirtschaftsjahr fängt also sechs Monate früher an als das Etatsjahr. Auf eine derartige Trennung wird der Privatforstbesitzer meistens verzichten können. Zweckmäßiger ist, daß die Rechnung für die Forstwirtschaft zu derselben Zeit gelegt wird wie für die Landwirtschaft und die sonstigen Betriebe, und daß der Rechnungsabschluß für alle auf einen Termin fällt. Der Landwirt pflegt am 1. Juli die Rechnungen abzuschließen, und es steht nichts im Wege, daß auch zu dieser Zeit der Forstbeamte seine Rechnungen legt. Für letzteren ist dieser Zeitpunkt sehr geeignet, weil er im Sommer am wenigsten von Berufspflichten in Anspruch genommen wird, und er daher den Abschluß der alten und die Einrichtung der neuen Bücher mit Muße vornehmen kann.

III. Forstrechnungswesen im speciellen.

Kap. 7. Schlagaufnahme, Numerierung und Aufstellung der Nummerbücher.

Nachdem durch den Hauungsplan die Fläche und die Masse festgestellt ist, die im Laufe des nächsten Wirtschaftsjahres zum Einschlag kommen soll, kann mit dem Hiebe begonnen werden. Gewöhnlich fängt man mit den Durchforstungen an, weil es hierfür weniger von Wichtigkeit ist, daß der Hieb in den Wintermonaten geschieht, als bei den größeren Schlägen, die Bau- und Nutzholz liefern sollen. Nehmen wir für die nachfolgende Erläuterung an, daß es sich um einen größeren Schlag handelt, daß der Hieb vollständig beendet ist, und daß das gesamte Material vorschriftsmäßig in den angegebenen Sortimenten aufgesetzt ist.

Bevor mit der Numerierung angefangen wird, läßt sich der Forstbeamte von den einzelnen Holzhauerrotten angeben, wie viele Stücke Langholz und wie viele Meter sie von jedem einzelnen Sortiment aufgearbeitet haben, und in wie vielen Stößen (Gaußen) die einzelnen Sortimente aufgesetzt sind.

Das Nutzholz: Langholz und Schichtnutzholz, wird für sich numeriert, mit Nr. 1 beginnend, das Brennholz gleichfalls für sich mit durchlaufender Nummerfolge für die sämtlichen Sortimente.

Hierbei können zwei Methoden in Anwendung kommen:

1. Es wird fortlaufend nach der Stellung im Schlage numeriert, so daß auf eine Nummer mit Kloben bald eine Nummer mit Knüppel, bald eine Nummer mit Reisig u. s. w. folgt, oder

2. es wird sortimentsweise numeriert, so daß die Kloben die ersten Nummern, die Knüppel die darauf folgenden bekommen, u. s. w.

Wenn man sich vorher davon überzeugt hat, daß die Angaben der Holzhauer über die Anzahl der Stöße der einzelnen Sortimente richtig sind, dann läßt sich danach leicht berechnen, mit welcher Nummer die Knüppel, mit welcher das Stockholz und die verschiedenen Reisigsortimente anfangen müssen, so daß man nicht nötig hat, durch den Schlag soviel mal die Runde zu machen, als es Sortimente giebt.

Für die örtliche Kontrolle ist die erste Methode die bequemere, weil das Holz im Walde genau in der Reihenfolge steht, wie es in das Nummerbuch eingetragen ist, für die Rechnung dagegen die zweite, weil nicht so leicht Versehen beim Verkauf vorkommen können, als wenn die verschiedenen Sortimente im Buch durcheinander stehen; außerdem gewährt die zweite Methode auch eine bessere Übersicht über den Fortschritt des Verkaufs bei den einzelnen Sortimenten. Sind verschiedene Holz= arten in dem Schlage, so wird am zweckmäßigsten in der Reihenfolge der Arten, die in der Rechnung unterschieden werden, numeriert.

Die Nummerbücher werden seitenweise aufaddiert. Eine Übertragung der Seitensumme auf die nächstfolgende Seite ist nicht zweckmäßig, weil ein etwaiger Fehler durch das ganze Nummerbuch sich durchzieht. Ist sämtliches Holz aufgenommen, so erfolgt die Rekapitulation, und zwar zunächst seitenweise, ohne Rücksicht auf die ver=

schiedenen Holzarten, um das Ergebnis im ganzen festzustellen, dann nach Holzarten, um für die Verlohnung und die spätere Buchführung die erforderlichen Zahlen zu gewinnen. Für die Totalitätshiebe (Aushieb von Trocknis u. s. w.) wird zweckmäßig das gesamte Material eines Schutzbezirks, selbstverständlich unter Trennung von Nutzholz und Brennholz, fortlaufend numeriert, da in der Regel selten die Örtlichkeiten so abgegrenzt und bezeichnet sind, daß bei doppelten Nummern ein Irrtum bei dem kaufenden Publikum ausgeschlossen ist.

Von der Richtigkeit der Nummerbücher hängt die Richtigkeit der gesamten Buchführung ab, deshalb ist eine ganz besondere Sorgfalt auf deren Aufstellung zu verwenden. Es ist vorteilhaft, daß nach Fertigstellung des Nummerbuches, bevor die Verlohnung geschieht, eine „Abnahme" des Schlages erfolgt, d. h. daß in Gegenwart des Forstbeamten und des Haumeisters das gesamte Material nochmals mit dem Nummerbuch verglichen wird. In den Staatsrevieren ist dem Oberförster die Abnahme vorgeschrieben, außerdem tritt noch eine Revision durch die höheren Beamten ein. Wie diese Abnahme in den Privatrevieren auszuführen ist, ist nur nach den obwaltenden Verhältnissen zu beurteilen.

Vergl. die nachfolgend ausgefüllten Nummerbücher-Formulare.

Jag. 5   Abt. a   Pos. 1 des Haunngsplanes.

Nummerbuch für Nutzholz.

Wirtschaftsjahr: 1893/94.   Revier: Melchow.
Norm. Nr. 1a.

Jagen und Abteilung	Holz-Nr.	Holzart	Sortiment	Stück	Aufmaß Länge (in cm)	Aufmaß Durchmesser (cm)	Fest- meter (cm)	Revier- holz- stangen Hundert	Revier- holz- stangen Fest- meter	Materialholz (Forte)	Taxpreis pro Ein- heit (cm) Mk. Pf.	Taxpreis im ganzen (cm) Mk. Pf.	Licitations-gebot Mk. Pf.	Name und Wohnort des Empfängers	Datum des Verkaufs	Nr. des Naßhperzahlregisters
5a	1	Ei	Langholz	1	10 . 30	. 71					20 00	14 20	15 00	Schmidt, Biesenthal	14./1.	350
2	..	..	..	1	10 . 47	1 73					26 00	44 98	48 00	ders.	14./1.	351
3	Bi	..		1	12 . 12	14					10 00			Müller, Schönholz	14. 1.	352
4	.,	..		1	10 15	18						3 20	3 00			
rc.																
21	Kie	.,		1	8 . 30	. 57					12 00	6 84	7 00	Schulze, Beerbaum	14. 1.	354
22	.,	..		1	12 . 20	. 38					10 00	3 80	4 00	ders.	14./1.	355
rc.																
292	Ei	Nutzholz II						3								
rc.																

Rekapitulation.

Seite 1	30										20 50					
2	30															
u. s. f.																
Summa	291		360 00					93								

Rekapitulation nach Holzarten.

Eichen	2		2 44													
Birken	18		3 15					9								
								39								
Kiefern	271		354 41					45								
	291		360					93								

Abgenommen den 20ten November 1893.

Jag. 4   Abt. a   Pof. 1 des Gattungsplane

Nummerbuch für Brennholz.

Wirtschaftsjahr: 1893/94.   Revier: Melchow

Form. Nr. 23.

Jagen und Abteilung Holz-Nr.	Holzart	Kloben	Knüppel I	Knüppel II	Stockholz	Reisig I	Reisig II	Reisig III	Taxpreis pro Ein heit	Taxpreis un ganzen	Licitations gebot	Name und Wohnort des Empfängers	Datum des Verkaufs	Nr. des Verkaufsprotokolls
					Raummeter									
5a 1	Ei	3							18 m	6 00 108 00	110 00	Schmidt, Biesenthal	11. 1.	396
11	„		1						14 m	2 00 28 00	25 00	Kloninger, Bernau	11. 1.	397
16	„			1						2 50 2 50	3 00	Albrecht, Melchow	11. 1.	398
17	Bi	3							18 m	5 00 90 00	99 00	Schmidt, Biesenthal	11. 1.	399
25	„		3											

Rekapitulation.

Seite 1								
2								
Sa.	186 95		266 85	120				

Rekapitulation nach Holzarten.

Eichen	18		11 1		
Birken	18 61		10 54		
Kiefern	150 34		242 30	120	
Sa.	186 95	266 85	120		

Abgenommen den 20ten Dezember 1893.

— —

Kap. 8. Schlägerlöhne, Rückerlöhne, Beiträge zur Invaliditäts- und Altersversicherung, sowie zur Krankenversicherung, Aufstellen der Abschlagslohnzettel und Schlußlohnzettel.

Das Aufarbeiten der Hölzer geschieht durchweg nach Akkordsätzen. Es ist deshalb vor Beginn des Hiebes ein Schlägerlohntarif aufzustellen, der angiebt, wie hoch die Löhne pro Einheit jedes Sortiments sein sollen. Das Langholz wird zweckmäßig nach Festmetern verlohnt. Die hier und da gebräuchliche Verlohnung nach der Stückzahl hat einerseits zur Folge, daß die Arbeiter nicht sonderlich dafür interessiert sind, möglichst viel Nutzholz auszuhalten, und daß sie andererseits leicht versuchen, wertvolle lange Hölzer durchzuschneiden, um mehrere Stücke dadurch zu erlangen. Das Schichtnutzholz und Brennholz wird nach Raummetern verlohnt.

Rückerlöhne sind nur ausnahmsweise zu gewähren, und zwar dann, wenn das Holz zum Aufsetzen weit transportiert werden muß. Ist man mit dem Rückerlohn freigebig, so geht es schließlich ohne ein solches überhaupt nicht mehr.

Eine gesonderte Berechnung des Rückerlohnes auf dem Lohnzettel hinter der Berechnung des Hauerlohnes wird notwendig, wenn ein solches nur für einen Teil eines eingeschlagenen Sortiments bewilligt worden ist.

Die zu leistenden Invaliditäts- und Altersversicherungsbeiträge müssen auf jedem Lohnzettel nachgewiesen werden. Die Beiträge werden vom Arbeitgeber und Arbeitnehmer zur Hälfte geleistet. Der Arbeitgeber muß jedoch das Einkleben der vorgeschriebenen Marken besorgen, er kann vom Lohne der Arbeiter die Hälfte des Beitrages in Abzug bringen. Für jede Woche ist nur eine Marke einzukleben, und ist hierzu derjenige Arbeitgeber verpflichtet, in dessen Betrieb der Arbeiter in der betreffenden Woche die Arbeit beginnt.

Es muß daher zunächst eine genaue Kontrolle über den Beginn der Arbeit in jeder Woche stattfinden, um sicher zu sein, daß eine Verpflichtung zum Einkleben der Marken vorliegt; dies geschieht am zweckmäßigsten durch Führung des Arbeiternotizbuches, in derselben Weise, wie es später bei den Kulturarbeiten beschrieben ist.

Die Beiträge zur Krankenversicherung, sofern eine solche statutarisch eingeführt sein sollte, müssen gleichfalls bei jeder Verlohnung nachgewiesen werden. Der Arbeitgeber zahlt hierzu ⅓, der Arbeiter ⅔ des festgesetzten Beitrages.

Dem Forstbeamten liegt es ob, die Beiträge für diese beiden Versicherungen für jeden Arbeiter, auf Grund des von ihm geführten Arbeiternotizbuches, auf dem Lohnzettel zu berechnen, der Kassenbeamte besorgt das Einkleben der Marken und die weitere Verrechnung und Buchung dieser Beträge.

Eine genaue Feststellung des Arbeitsverdienstes läßt sich erst nach vollständiger Beendigung des Schlages vornehmen. Dehnen sich die Arbeiten auf mehrere Wochen aus, so kann man nicht verlangen, daß die Arbeiter bis zur Beendigung des Schlages auf die Auszahlung des Lohnes warten. Man gewährt ihnen deshalb Abschlagszahlungen, die bei der Schlußverlohnung in Anrechnung gebracht werden. Für solche Zahlungen werden Abschlagslohnzettel ohne Angabe von Material aufgestellt. Der Beamte bleibt jedoch dafür verantwortlich, daß mindestens soviel Material bereits aufgearbeitet ist, daß das Schlägerlohn hierfür der Abschlagszahlung gleichkommt.

In welcher Weise die Abschlagslohnzettel aufgestellt werden, ergiebt sich aus nachfolgendem Beispiel auf Form. Nr. 3. Auf demselben ist den Arbeitern nur der Beitrag zur Invaliditäts- und Altersversicherung in Anrechnung gebracht, müssen außerdem auch noch Krankenversicherungsbeiträge gezahlt werden, so ist Formular Nr. 4 zu benutzen.

Nachdem der Hieb in einem Schlage vollständig beendet, das gesamte Material ordnungsmäßig numeriert und das Nummerbuch abgeschlossen ist, findet die Schlußverlohnung durch die Aufstellung des Holzwerbungs-Lohnzettels statt. Genau nach dem Abschluß des Nummerbuches werden die einzelnen Sortimente aufgeführt. Unter Angabe des Schlägerlohnes pro Einheit wird zunächst der Betrag des Schlägerlohnes für jedes Sortiment berechnet und sodann der Gesamtbetrag des Lohnes festgestellt. Ferner wird nachgewiesen, welche Abschlagszahlungen bereits geleistet sind, um durch deren Anrechnung zu ermitteln, welcher Lohnbetrag auf diesem Schlußlohnzettel noch auszuzahlen ist. Hierauf folgt die Nachweisung der jedem Arbeiter auf diese Schlußzahlung noch in Anrechnung zu bringenden Beiträge zur Invaliditäts- und Altersversicherung u. s. w., sowie die Feststellung der Beiträge, die hierzu die Forstverwaltung zu leisten hat. Schließlich erfolgt die Quittung des Gelderhebers über den richtigen Empfang des gesamten, durch diesen Lohnzettel im Eingang nachgewiesenen, verdienten Lohnes.

Revier: Melchow.
Jag.: 5a.

Form. Nr. 9.

7ter Abschlags-Lohnzettel
auf
Hauer- und Rückerlohn
für den *Holzhauermeister Müller* und Genossen.

Ich bescheinige, daß in dem vorbezeichneten Schlage ein noch nicht verlohntes Holzquantum von solchem Betrage vorschriftsmäßig gefällt, aufgearbeitet und resp. gerückt worden ist, daß dafür an Hauer- und Rückerlohn mindestens *180* Mark verdient sind.

Melchow, den 15ten November 1893.   N. N.

Bei vorstehender Hauung sind nach dem Arbeiter-Notizbuch betheiligt:

Der Holzhauer		Beitrag für Wochen	Invaliditäts- und Altersversicherung					
			Satz pro Woche	Beitrag in Summa		davon bezahlt:		
						der Arbeiter		die Forst- verwaltung
Name	Wohnort		Pf.	Mt.	Pf.	Mt.	Pf.	Mt.	Pf.
1. Karl Müller u. s. w.	Melchow	2	20		40		20		20
Summa		20	20	4	00	2	00	2	00

Vorstehender Lohnzettel wird hiermit festgesetzt:
1. an die Arbeiter baar auszuzahlen . . . . 178 Mk.   Pf.
2. in Anrechnung zu bringende Beiträge zur Invaliditäts- und Alters-Versicherung   2 — —
   Lohnbetrag der Arbeiter: *180* Mk. — Pf.
3. Beiträge der Forstverwaltung zur Invaliditäts- und Alters-Versicherung . . . . 2 — —
   Summa: *182* Mk. — Pf.

Melchow, den 15ten November 1893.

N. N.

Quittung.

Die vorstehend angewiesenen *180* Mk. — Pf., buchstäblich: *Einhundert und achtzig Mark Pf.*, sind mir abschlagsweise gezahlt worden, und zwar mit
178 Mk. — Pf. baar,
   2 „ — „ durch Anrechnung der Invaliditäts- und Altersversicherungs-Beiträge, worüber ich hierdurch für mich und meine Genossen quittiere.

Melchow, den 16ten November 1893.

Müller.

Geldausgabe-Journal Nr. 104.

Holzeinnahmebuch Nr. 1.

Böhm, Anleitung zur Buch- und Rechnungsführung.   3

Revier:
Jag.:

ter **Abschlags-Lohnzettel**

auf

Hauer- und Rückerlohn

für . und Genossen.

Form. Nr. 4.

Ich bescheinige, daß in dem vorbezeichneten Schlage ein noch nicht verlohntes Holzquantum von solchem Betrage vorschriftsmäßig gefällt, aufgearbeitet und resp. gerückt worden ist, daß dafür an Hauer- und Rückerlohn mindestens Mk. .. Pf. verdient sind.

, den ten 18

Bei vorstehender Hauung sind nach dem Arbeiter-Notizbuch beteiligt:

Name und Wohnort der Holzhauer	Geboren am			Invalid.- u. Altersverüch.					Krankenversicherung					Summa der dem Arbeiter in Abrechn. zu bringenden Beiträge
				Beitrag für Wochen	Zahl pro Woche	Beitrag in (2)	davon bezahlt		In betrad jährige.	Einheitssatz pro	Beitrag in (2)	davon bezahlt		
	Tag	Monat	Jahr				der Arbeiter	die Forstverwaltung				d. Arbeiter	die Forstverwaltung	
				Pf.	Mk. Pf.	Mk. Pf.	Mk. Pf.	Mk. Pf.	Pf.	Mk. Pf.	Mk. Pf.	Mk. Pf.	Mk. Pf.	Mk. Pf.

Vorstehender Lohnzettel wird hiermit festgesetzt:

1. an die Arbeiter bar auszuzahlen . Mk. Pf.
2. in Anrechnung zu bringende Beiträge zur Invaliditäts- und Alters-Versicherung . „ „
3. in Anrechnung zu bringende Beiträge zur Krankenversicherung . „ „

Lohnbetrag der Arbeiter: Mk. Pf.

4. Beiträge der Forstverwaltung zur Invaliditäts- u. Alters-Versicherung „ „
5. „ „ „ „ Krankenversicherung . „ „

Summa: Mk. Pf.

, den ten 18

Quittung.

Die vorstehend angewiesenen Mk. Pf., buchstäblich:
, sind mir abschlagsweise, und zwar mit

Mk. Pf. bar,
„ „ durch Anrechnung der Invaliditäts- und Altersversicherungs-Beiträge,
„ „ „ „ Krankenversicherungs-Beiträge

gezahlt worden, worüber ich hierdurch für mich und meine Genossen quittiere.

, den ten 18

Geldausgabe-Journal Nr. Holzeinnahmebuch Nr.

Revier: *Melchow.*
Jag.: 5 a.

Form. Nr. 5.

Wirthschaftsjahr 1893/94.
Pos. 1 des Hauungsplanes.

Holzwerbungs-Lohnzettel

für den *Holzhauermeister Müller* und Genossen.

Stämme und Derbholzstangen			Reiserholz- stangen		Raummeter	Holzart	Sortiment	Lohnbetrag pro Einheit				im ganzen	
Stück	Festmeter		Zahl bele	Festmeter				Hauerlohn		Rücke- lohn			
								Mk.	Pf.	Mk.	Pf.	Mk.	Pf.
2	2	41	.	.	.	*Eichen*	*Stämme*	-	50			1	22
.	.	.	.	9	..	..	*Schichtnutzholz II*	-	75			6	75
.	.	.	.	18	..	..	*Kloben*	-	50			9	00
.	.	.	.	11	..	..	*Stockholz*	1	30	.		18	20
.	.	.	.	1	..	..	*Reisig I*	—	40	.			40
18	3	15	.	.	.	*Birken*	*Stämme*	—	50	.		1	57
.	.	.	.	39	..	..	*Schichtnutzholz II*	—	75			29	25
.	.	.	.	18	..	..	*Kloben*	—	50			9	00
.	.	.	.	61	..	..	*Knüppel II*	—	40			24	40
.	.	.	.	10	..	..	*Stockholz*	1	30			13	00
.	.	.	.	54	..	..	*Reisig I*	—	40			21	60
271	354	41	.	.	.	*Kiefern*	*Stämme*	—	40			141	76
.	.	.	.	45	..	..	*Schichtnutzholz II*	—	65			29	25
.	.	.	.	150	..	..	*Kloben*	—	50			75	00
.	.	.	.	34	..	..	*Knüppel II*	—	40	.		13	60
.	.	.	.	242	..	..	*Stockholz*	1	10			266	20
.	.	.	.	30	..	..	*Reisig I*	—	40			12	00
.	.	.	.	120	..	..	*Reisig III*	—	20	.		24	00
							Summa					696	20

Daß die vorstehend angeführten Holzmengen vorschriftsmäßig aufgearbeitet bezw. gerückt sind, bescheinigt
Melchow, den 21ten *Dezember* 1893.

N. N.

Auf vorstehend berechneten Lohn von 696 Mk. 20 Pf. sind abschlagsweise bereits angewiesen laut Abschlags- lohnzettel	Bar aus- gezahlt		An Anrechnung gebrachte Geld- träge der Arm.- u. Alterskasseld.		Lohnbetrag der Arbeiter		Beiträge der Fortverwaltung zur Arm.- und Alterskasseld.		Summa	
	Mk.	Pf.	Mk.	Pf.	Mk.	Pf.	Mk.	Pf.	Mk.	Pf.
vom 15ten *November* 1893	178	00	2	00	180	00	2	00	182	00
., 1ten *Dezember* 1893	198	00	2	00	200	00	2	00	202	00
Summa	376	00	4	00	380	00	4	00	384	00

Auf gegenwärtigen Lohnzettel sind also noch zu zahlen 316,20 Mk., buchstäblich: *Dreihundert und sechszehn Mark 20 Pf.*

—

An dem noch zu zahlenden Lohne find nach dem Arbeiter-Notizbuch beteiligt:

Der Holzhauer		Beitrag für Wochen	Satz pro Woche	Invaliditäts- und Altersversicherung			
				Beitrag in Summa	davon bezahlt		
Name	Wohnort				der Arbeiter	die Forst verwalt.	
		Pf.	Mf.	Pf.	Mf.	Pf.	Mf. Pf.
1. Karl Müller u. s. w.	Melchow	3	20	60	30	30	
Summa		30	20	6 00	3 00	3 00	

Die Zahlung auf gegenwärtigen Lohnzettel wird hiermit festgesetzt:
1. an die Arbeiter bar auszuzahlen . . . . 313 Mk. 20 Pf.
2. in Anrechnung zu bringende Beiträge zur Invaliditäts- und Altersversicherung . 3 „ — „
                       Lohnbetrag der Arbeiter . 316 Mk. 20 Pf.
3. Beiträge der Forstverwaltung zur Invaliditäts- und Altersversicherung . . . 3 „ — „
                            Summa 319 Mk. 20 Pf.

Im ganzen find somit zur Zahlung angewiesen:	Bar aus- gezahlt		Zu Anrechnung gebrachte Bei- träge zur Inv. u. Altersversich.		Lohnbetrag der Arbeiter		Beiträge der Forstverwaltung zur Inv.- und Altersversich.		Summa	
	Mk.	Pf.	Mk.	Pf.	Mk.	Pf.	Mk.	Pf.	Mk.	Pf.
1. durch Abschlagslohnzettel .	376	00	4	00	380	00	4	00	384	00
2. „ Schlußlohnzettel .	313	20	3	00	316	20	3	00	319	20
Summa	689	20	7	00	696	20	7	00	703	20

Melchow, den 21ten Dezember 1893.

N. N.

Quittung.

Die vorstehend angewiesenen 696 Mk. 20 Pf.,
    buchstäblich: Sechshundert und sechsundneunzig Mark 20 Pf.,
find mir richtig ausgezahlt worden, und zwar bar mit . . . . 689 Mk. 20 Pf.
und durch Anrechnung der Beiträge zur Invaliditäts- und Altersversicherung mit   7 Mk. 00 Pf.
worüber ich hierdurch für mich und meine Genossen quittiere.
Melchow, den 22ten Dezember 1893.

K. Müller.

Geldausgabe-Journal Nr. 146.   Holzeinnahmebuch Nr. 1.

Mit der Erhebung des Lohnes ist ein zuverlässiger Arbeiter (Holzhauermeister) zu beauftragen, der über die Gesamtsumme im Namen seiner Genossen quittiert. Für die Verteilung des Lohnes an die einzelnen Rotten stellt der Forstbeamte dem Holzhauermeister eine Berechnung auf.

Revier:
Jag.:

für

Form. Nr. 6.

Holzwerbungs-Lohnzettel

Wirthschafter:
Bes. der Haue oder.

und Genossen

Reiserholz-stangen		Raummeter	Holzart	Sortiment	Lohnbetrag		
Zahl der Stücke	Festmeter				pro Einheit		im ganzen
					Hauerlohn Mk. Pf.	Ankerlohn Mk. Pf.	Mk. Pf.

Daß die vorstehend aufgeführten Holzmengen vorschriftsmäßig aufgearbeitet bezw. gerückt sind, bescheinigt

, den   ten   18

Auf vorstehend berechneten Lohn von Mk. Pf. sind abschlagsweise bereits angewiesen laut	Baar ausgezahlt	In Anrechnung gebrachte Beiträge		Lohnbetrag der Arbeiter. Summa	Beiträge der Forstverwaltung		Summa
		zur Invaliden- und Altersversicherung	zur Krankenversicherung		zur Invaliden- und Altersversicherung	zur Krankenversicherung	
	Mk. Pf.	Mk. Pf.	Mk. Pf.	Mk. Pf.	Mk. Pf.	Mk. Pf.	Mk. Pf.
Abschlags-Lohnzettel vom ten							

Auf gegenwärtigen Lohnzettel sind also noch zu zahlen   Mk.   Pf.,
buchstäblich:

An dem noch zu zahlenden Lohne sind nach dem Arbeiter-Notizbuch betheiligt:

Name und Wohnort der Holzhauer	Geboren am			Inv.- u. Altersversich.				Krankenversicherung				Summa der dem Arbeiter in Anrechnung zu bringenden Beiträge
	Tag	Mon.	Jahr	Beitrag für Wochen	Satz pro Woche	Beitrag in Summa	der Arbeiter	die Forstverwaltung	zu berücksichtigende	Einheits-satz pro	Beitrag in Summa	Beitrag	der Ar-beiter	die Forst-verwal-tung

Die Zahlung auf gegenwärtigen Lohnzettel wird hiermit festgesetzt:

1. an die Arbeiter bar auszuzahlen . . . . Mf. Pf.
2. in Anrechnung zu bringende Beiträge zur Inval.- und Altersversicherung „ „
3. „ „ „ „ Krankenversicherung . . . . . „ „
   Lohnbetrag der Arbeiter . „ „
4. Beiträge der Forstverwaltung zur Invaliditäts- und Altersversicherung . . „ „
5. „ „ „ „ Krankenversicherung . . . . „ „

Summa . . „ „

Im ganzen sind somit zur Zahlung angewiesen	Bar ausgezahlt	In Anrechnung gebrachte Beiträge		Lohn-betrag der Arbeiter. Summa	Beiträge der Forstverwaltung		Summa
		zur Inv.- und Altersverf.	zur Kranken-versicherung		zur Inv. und Altersverf.	zur Kranken-versicherung	
	Mt. Pf.	Mt. Pf.	Mt. Pf.	Mt. Pf.	Mt. Pf.	Mt. Pf.	Mt. Pf.
1. durch Abschlagslohnzettel .							
2. durch Schlußlohnzettel .							
Summa							

, den ten 18

Quittung.

Die vorstehend angewiesenen Mt. Pf.,

buchstäblich:

sind mir richtig ausgezahlt worden, und zwar bar mit . . . . Mt. Pf.
durch Anrechnung der Beiträge zur Invaliditäts- und Altersversicherung mit. „ „
„ Krankenversicherung mit . . . . „ „
worüber ich hiermit für mich und meine Genossen quittiere.

, den ten 18

Geldausgabe-Journal Nr.: Holzeinnahmebuch Nr.:

Obgleich für die Verlohnung die Bezahlung nach Accordsätzen die Regel ist, so kann es doch ab und zu vorkommen, daß Holz ohne Schlägerlohn oder gegen Bezahlung eines Tagelohnes vereinnahmt wird. Ersteres wird eintreten, wenn der Käufer die Werbung selbst übernimmt, letzteres, wenn Holz zu Kulturzwecken (Ausbessern von Zäunen 2c.) oder bei plötzlich eintretendem Bedarf zu Wirtschaftszwecken gebraucht wird. Grundsatz muß aber auch für diese Materialeinnahmen bleiben, daß sie in das Nummerbuch und in das Holzeinnahmebuch eingetragen werden. Ob dies mit andersfarbiger Tinte (wie es für die Staatsreviere vorgeschrieben ist), oder nur mit dem Vermerk „ohne Werbungskosten", oder „im Tagelohn aufgearbeitet" geschieht, ist schließlich gleichgültig, nur muß hervorgehen, daß die festgesetzten Hauerlöhne nicht in Betracht kommen. Für das im Tagelohn aufgearbeitete Material muß selbstver-ständlich ein Lohnzettel aufgestellt werden, wozu das Formular für die Schlußver-lohnung unter sinngemäßer Änderung zu verwenden ist.

Kap. 9. Buchung des durch die Lohnzettel vereinnahmten Holzes. Holzeinnahmebuch.

Die Abschlagslohnzettel enthalten kein Material, erst auf den Schlußlohnzetteln erscheint das Material, für dessen Werbung die zu verausgabenden Geldbeträge genau berechnet sind.

Diese Schlußlohnzettel werden mit dem Material und dem Gelde in das „Holzeinnahmebuch" eingetragen. Dasselbe ist so einzurichten, daß für alle vorkommenden Holzarten Spalten für die verschiedenen Sortimente und auch Spalten für die verausgabten Werbungskosten vorhanden sind. Das sämtliche Material eines Lohnzettels erscheint mit dem berechneten Lohnbetrag auf einer einzigen horizontalen Reihe. Für die Buchung dieser Lohnzettel im Laufe eines Wirtschafts= jahres können zwei Methoden in Anwendung kommen:

1. Die journalweise, d. h. die Lohnzettel werden fortlaufend nach dem Tage der Aufstellung eingetragen. Diese Art genügt für kleinere Betriebe, und überall dort, wo der Hieb nicht nach einem bestimmten, vorher fest= gesetzten Plan (Hauungsplan) geführt wird; der Abschluß läßt jederzeit erkennen, wieviel Holz im ganzen vereinnahmt ist.

2. Die manualweise: die Eintragungen erfolgen in der Reihenfolge der Positionen des Hauungsplanes. Hierfür wird das Holzeinnahmebuch in der Weise vorbereitet, daß die einzelnen Hiebspositionen in gewissen Ab= ständen gleich nach Aufstellung des Hauungsplanes eingetragen werden. Unter diese Positionen werden die Lohnzettel später gebucht.

Bei der manualweisen Buchung können auch die Abschlagslohnzettel mit den angewiesenen Summen unter die betreffenden Positionen eingetragen werden, so daß hierdurch sofort ersichtlich ist, bis zu welchem Betrage Gelder bei den einzelnen Positionen zur Verausgabung gekommen sind. Bei der Schlußverlohnung erscheint dann das gesamte Material mit den gesamten Werbungskosten, während die vorher aufgeführten Abschlagszahlungen gelöscht werden. Bei dieser Art der Eintragung ist allerdings ein Abschluß nicht so leicht auszuführen wie bei der journalweisen, er kann nur in der Weise gemacht werden, daß eine Rekapitulation in besonderer Nachweisung angefertigt wird. Sofern daher ein öfterer Abschluß nötig ist, müssen beide Methoden zugleich in Anwendung kommen, und es sind bei der journalweisen Buchung gleichzeitig auch die Bestände aus dem vorigen Wirtschaftsjahre in Zugang zu stellen, wenn die Abschlüsse richtig werden sollen. Das Holzeinnahmebuch jedoch, das gleichzeitig als Rechnung für die Holzwerbungskosten dienen soll, darf diese Bestände nicht enthalten, sondern nur diejenigen, welche verlohnt sind. Neubestände werden in dem Holzausgabebuch auf der ersten Seite nachgewiesen. (Vergl. Kap. 15.) Für den Abschluß des Kontrollbuches gewährt die manualweise Buchung eine wesentliche Erleichterung, die die Mühe einer sofortigen, doppelten Buchung in das Holzeinnahmebuch reichlich belohnt.

Der Abschluß des Holzeinnahmebuches erfolgt bei journalweiser Buchung einfach durch Aufaddieren, bei der manualweisen durch Anfertigung einer Rekapitulation der verschiedenen, für sich abgeschlossenen Positionen.

Wirtſchaftsjahr 1893/94: **H o l z e i n**

Laufende Nr.	Fol. d. Raumungsplanes	Ort des Hiebes Jan. Abt.	Datum des Lohnzettels Monat Tg.	Hiebsart	Laubholz (harte: Eichen) Nutzholz Stämme und Derbholz ſtangen Stück im der	Reiſer holz ſtangen Stück im der	Zeichn. nutzholz I II	Brennholz stoben	stummel I	knuppel II	Stockholz	Reiſig I	Reiſig II	Reiſig III Raummeter	Laubholz Nutz Stämme und Derbholy ſtangen Stück im der	Reiſer holz ſtangen Stück im der

I. Journalweise

	1	5	a	Dez.	21	Kahlhieb	2 2 41				9 18		14 1			18 3 15		
2	13	20	b			Durchforstung												
						u. s. w.												
3	12	Totalität		Juni	30	Aushieb, Trocknis					2 10		1					
	I. Periode					u. s. w.		100 1 00								10 2 65		
						Summa Einschlag	2 2 41 100 1 00		11 28		14 2					28 5 80		

II. Manualweise

	1	5	a	Nov.	15.	A. Hauptnutzung:												
				Dez.	1.	I. Abschlagslohnz.												
				Dez.	21.	II. "												
2	2	7	a	Jan.	15.	Schlusslohnzettel	2 2 41			9 18		14 1			18 3 15		
						u. s. w.										10 2 65		
13	12	Totalität		Juni	30.	Aushieb, Trocknis				2 10 1		1					
						Summa Hauptnutzung	2 2 41			11 28 1		14 2				28 5 80		

						B. Vornutzung:												
14	13	20	b	Dez.	21.	Durchforstung												
						u. s. w.		100 1 00 (ohne Werbungskosten, Kulturrechnung)										
						Summa Vornutzung		100 1 00										

Rekapitu

						Hauptnutzung	2 2 41			11 28 1		14 2				28 5 80		
						Vornutzung		100 1 00										
						Summa Einschlag	2 2 41 100 1 00		11 28 1		14 2				28 5 80		

Die Schlußſumme muß das geſamte Material, das im Laufe eines Wirtſchaftsjahres zum Einſchlag gekommen iſt, und die Geſamtſumme der Werbungskoſten, in übereinſtimmung mit dem Abſchluß des Tit. 1 der Ausgabe, in den Kaſſenbüchern nachweiſen.

n a h m e b u d.   Revier: Meldhau.   Form. Nr. 7a.

(weich): Birken holz	Brennholz							Nutzholz			Nadelholz Zwisch nutzhol;		Brennholz						Ver- bungs- koften	Nr. der Belage
Schicht nutzholz I II	Kloben	Knüppel I	Knüppel II	Stockholz	Reisig I	Reisig II	Reisig III	Stämme und Derbholzstangen	Reiserholz stangen	Zwisch nutzhol; I II	Kloben	Knüppel I	Knüppel II	Stockholz	Reisig I	Reisig II	Reisig III		
rm rm			Raummeter					Stück fm ½	Stück fm ½	rm rm				Raummeter				M. Pf.	

Buchung:

. 39 18 61 . 10 51 .			271 354 41 . . .		15 150	31 212 30 .	120	696 20	1
. 3 . 3 . .			330 9 90 365 5 48			17 . 22 63		63 18	2
9 1 . . 3 .			53 51 86		6 163	43 1 10		167 94	15
. 16 16 . 3 16			3087 1807 70 1193 17 97 .		82 741 .	791 995 650 882 1109		3600 80	.
. 39 43 81 . 10 60 3 16			1641 2223 87 1560 23 45 .		133 1057 .	888 1238 702 955 1529		4528 42	.

Buchung:

. 39 18 61 . 10 51 .			271 354 41 . . .		15 150	31 212 30 .	120	696 20	1
. . 11 2			2763 1712 63 660 9 90		76 520 .	301 984 334 112 1301		2627 08	.
. . 9 1 . . 3 .			53 51 86		6 163	43 1 10 .		167 94	15
. 39 38 61 . 10 54 3 .			3037 2118 90 660 9 90 .		127 833	381 1227 361 152 1421		3491 22	.
. . 3 . . .			330 9 90 365 5 48 .		. 17 . 22 63 .		63 18	2
. . 5 11 . . 6 . 16			1271 95 07 535 8 07 .		6 224 . 190 11 316 740 105		973 72	.
. . 5 17 . . 6 16			1601 104 97 900 13 55 .		6 224 . 507 11 338 803 105		1037 20	.

lation:

. 39 38 61 . 10 54 3 .			3037 2118 90 660 9 90 .		127 833	381 1227 361 152 1421		3491 22	.
. . 5 17 . . 6 . 16			1601 104 97 900 13 55 .		6 224 . 507 11 338 803 105		1037 20	.
. 39 43 81 . 10 60 3 16			1611 2223 87 1560 23 45 .		133 1057 .	888 1238 702 955 1529		4528 42	.

    Die Beiträge zu den Arbeiterversicherungen werden in das Holzeinnahmebuch nicht eingetragen, der Nachweis derselben geschieht lediglich in den Kassenbüchern.

Böhm, Anleitung zur Buch- und Rechnungsführung.   4

Kap. 10. Materialausgabe im allgemeinen.

Die Ausgabe an Holz kann erfolgen:

1. Durch Verkauf, womit zugleich eine bare Geldeinnahme verbunden ist.

2. Durch Abgabe zum Verbrauch in der eigenen Verwaltung (Wirtschafts-, Bau- und Reparaturhölzer, Deputate an Arbeiter und Beamte, Brennholzverbrauch) für den Haushalt des Besitzers, Holz für Kulturzwecke ꝛc.), wofür in der Regel nur der Geldwert durch die Rechnungen geht.

Bezüglich des Verkaufes unterscheidet man:

1. Den Verkauf „auf dem Stamm", auch Block- oder Stockverkauf genannt. Es wird das Holz meist ganzer Schläge vor der Fällung verkauft. Hierfür kann man zwei Arten unterscheiden:

a) Der Preis wird für den ganzen Schlag in der Gesamtsumme vereinbart, ohne Rücksicht auf die wirklich erfolgende Masse und Sortimente. In der Regel wird dem Käufer auch die Fällung und Aufarbeitung nach vollständig freiem Ermessen überlassen.

b) Es werden vor dem Einschlage die Preise entweder pro Festmeter Derbholz oder pro Einheit der sich ergebenden Sortimente vereinbart. Der Besitzer bewirkt die Fällung und Aufarbeitung unter möglichster Berücksichtigung der Wünsche des Käufers. Der wirklich zu zahlende Preis wird nach dem Ergebnis der Nummerbücher berechnet. Wer die Werbungskosten zu tragen hat, muß ausdrücklich ausgemacht sein.

2. Den Einzelverkauf, entweder in einzelnen Stücken oder in größeren Losen, auf Grund der Nummerbücher.

Sowohl der Kauf ad 1 wie ad 2 kann geschehen:

1. Meistbietend: Der Preis wird durch die Konkurrenz der Käufer gebildet.
   a) Öffentlich: Auktion, Licitation, Versteigerung, Verstrich. Die Hölzer kommen in einem Termin, zu dem die Käufer durch Bekanntmachung eingeladen werden, zum Ausgebot. Wird das Holz unter dem mutmaßlichen Werte ausgeboten, und wird demjenigen der Zuschlag erteilt, der das Höchstgebot abgiebt, so spricht man von „Aufstrich", wird das Holz über dem mutmaßlichen Werte ausgeboten, und geht der Verkäufer allmählich mit dem Preise herab, bis sich ein Käufer für den ausgerufenen Preis findet, so spricht man von „Abstrich".

   b) Geheim: Submission. Die Käufer geben ihre Gebote schriftlich ab. Die Öffnung der eingegangenen Offerten erfolgt dann an einem bestimmten Termine, und wird dem Höchstbietenden, sofern keine Bedenken vorliegen, der Zuschlag erteilt.

2. Freihändig: Verkauf aus der Hand, zu bestimmten „taxmäßigen" oder sonstwie festgesetzten Preisen.

Jeder Geschäftsmann wird für die von ihm zu kaufende Ware um so höhere Preise anlegen können, je geringer das Risiko hinsichtlich der Quantität und Qualität ist. Wenn daher Holz auf dem Stock verkauft wird und keine Garantie weder für die Menge noch für die Güte desselben gegeben wird, so wird das Gebot naturgemäß geringer sein als beim Verkauf aufgearbeiteten Holzes, wo die Quantität verbürgt wird und die Qualität einer sorgfältigen Prüfung unterzogen werden kann.

Der Verkauf des Holzes auf dem Stock zu einem sofort vereinbarten Gesamtpreise, ohne Rücksicht auf die sich ergebende Masse, ist daher als das roheste Verfahren zu bezeichnen; einer wird dabei immer im Nachteil sein, in den meisten Fällen wird es der Waldbesitzer sein. Diese Methode kommt daher selten zur Anwendung, vorwiegend giebt auch nur die Notwendigkeit, plötzlich eine größere Summe Geldes zu beschaffen, zu einem derartigen Verfahren die Veranlassung.

Mit einem weit geringeren Risiko ist der Verkauf auf dem Stamm verknüpft, wenn die Preise pro Festmeter oder sonst pro Einheit vereinbart sind, und der Gesamtpreis nach dem wirklichen Hiebsergebnis berechnet wird. Nach diesem Verfahren braucht der Käufer der Quantität nach nur soviel zu bezahlen, als ihm wirklich überwiesen wird. Für den zu fordernden Preis hat der Verkäufer insofern einen Anhalt, als sich ein solcher leicht rechnungsmäßig aus dem Ergebnis des Holzverkaufs früherer Jahre berechnen läßt. Diese Art des Verkaufs läßt sich selbstverständlich nur mit Großhändlern abschließen, und wenn sich dazu Gelegenheit bietet, so ist auch möglichst davon Gebrauch zu machen, denn es ist bekannt, wieviel Mühe, Arbeit und Schreiberei es verursacht, bis ein größerer Schlag für den Lokalbedarf vollständig ausverkauft ist.

In der Hauptsache wird jedoch der Besitzer von nicht umfangreichen Forsten auf den Einzelverkauf angewiesen sein, und es handelt sich dann vorwiegend um die Entscheidung, ob dieser Verkauf ausschließlich meistbietend in den Auktionen erfolgen soll, oder ob neben der Versteigerung auch ein freihändiger Verkauf zulässig ist. In den Staatsrevieren ist die öffentliche Versteigerung für die wertvolleren Sortimente vorgeschrieben, Ausnahmen bedürfen für jeden einzelnen Fall der höheren Genehmigung. Nur für die minderwertigen Sortimente, und zwar für Stockholz und Reisig, ist dem Revierverwalter generell der freihändige Verkauf gestattet, hauptsächlich weil diese Sortimente von der ärmeren Bevölkerung gekauft werden, die nicht in der Lage ist, auf den Terminen sich soviel Vorrat zu kaufen, um bis zum nächstfolgenden Termin zu reichen. Es unterliegt keinem Zweifel, daß der öffentliche Verkauf sehr viele Vorzüge hat, und daß er in rechnerischer Beziehung die einfachste Methode ist. Sollten wirklich nach dem Ermessen des Beamten durch Komplott der Käufer oder sonstwie die Gebote hinter dem wirklichen Wert zurückbleiben, so steht nichts im Wege, mit der Zuschlagserteilung zurückzuhalten und auf dem nächsten Termin das Holz noch einmal zum Verkauf zu bringen. Andererseits läßt sich nicht leugnen, daß die öffentliche Versteigerung unter gewissen Verhältnissen große Schattenseiten hat. Für den Verkäufer besteht der Übelstand, daß beim Verkauf die Mitwirkung mehrerer Personen nötig ist: einer, der das Holz nach dem Nummerbuch ausruft, einer, der das Protokoll führt, und einer, der die Geldbeträge bucht und einkassiert. Dem Käufer erwächst die Unbequemlichkeit, daß er durch das Warten auf dem Termin selten in der Lage ist, an demselben Tage noch das Holz abfahren zu können, und daß er meist zwei Tage darauf verwenden muß, ehe er in den Besitz des Holzes kommt. Dies ist namentlich für die ärmeren Leute, die Tagelöhner, hart, die mit der Anfuhr des Holzes von ihrem Brotherrn abhängig sind.

4*

Aus allen diesen Gründen ist es gerade für den kleineren Waldbesitzer, der ausschließlich auf den Lokalabsatz angewiesen ist, vielleicht zweckmäßig, neben dem öffentlichen Verkauf in umfangreicher Weise auch den freihändigen Verkauf zuzulassen. Für den freihändigen Verkauf in den Staatsrevieren ist vorgeschrieben, daß der Käufer vom Oberförster sich zunächst einen Zettel ausstellen läßt, diesen auf der Kasse bezahlt und dann vom Förster sich das Holz anweisen läßt. Ein derartiges Verfahren ist für die Käufer zeitraubend und umständlich. Bequemer für sie wäre es jedenfalls, wenn dem Forstbeamten der Verkauf selbständig übertragen würde, dergestalt, daß er die Anweisung erhält, an bestimmten Wochentagen im Schlage sich aufzuhalten, den sich einfindenden Käufern das Holz zu verkaufen und auch sofort die Gelder dafür einzukassieren. Allerdings würde hierdurch das Princip durchbrochen werden, daß der Kassenbeamte ausschließlich die Gelder zu vereinnahmen hat.

Um also kurz zu rekapitulieren: Am richtigsten ist es, den Holzverkauf ohne Ausnahme nur im Wege der öffentlichen Versteigerung auszuführen, diese Versteigerungen jedoch mit Rücksicht auf die ärmere Bevölkerung in möglichst kurz aufeinanderfolgenden Terminen abzuhalten. Das Rechnungswesen wird dadurch unzweifelhaft vereinfacht, die Kontrolle wird eine sichere. Ausnahmsweise, wenn die lokalen Verhältnisse es als besonders wünschenswert erscheinen lassen, rechtfertigt sich der freihändige Verkauf.

Ob bei der Versteigerung das Ausgebot nach dem Aufstrich oder nach dem Abstrich zu erfolgen hat, dafür sind weniger Zweckmäßigkeitsgründe maßgebend als die Gewohnheit des kaufenden Publikums.

Der Verkauf in der Submission kommt nur für ganze Schläge oder für größere Sortimentspartien in Frage. Er eignet sich daher auch nur für den Großhandel, wird aber hier sehr oft mit gutem Erfolg angewandt, wenn man die Wahrnehmung macht, daß die Händler sich vereinigt haben und in den Versteigerungen „geschlossen" auftreten, d. h. um die Preise herabzudrücken, sämtlich entweder überhaupt nicht bieten, oder aber nur niedrige Gebote abgeben.

Kap. 11. Die Holztaxen.

Für die Einheit jedes Sortiments ist ein bestimmter Preis festzusetzen. Eine Änderung der Preise innerhalb eines Wirtschaftsjahres ist möglichst zu vermeiden, damit die Preise bei dem kaufenden Publikum bekannt werden. Erscheint es notwendig, die Preise zu erhöhen oder herabzusetzen, so muß dies möglichst mit Beginn eines neuen Wirtschaftsjahres geschehen. Hat man erst einmal nachgegeben und die Preise innerhalb eines Wirtschaftsjahres herabgesetzt, so werden sehr viele Käufer mit dem Einkauf warten, bis diese Herabsetzung eingetreten ist. Außerdem empfiehlt sich ein Wechsel in den Preisen auch in rechnerischer Hinsicht nicht, weil die Prüfung und Kontrolle dadurch sehr erschwert wird. Gewinnt man die Überzeugung, daß das gegen Schluß des Wirtschaftsjahres noch unverkaufte Holz den Wert des Taxpreises nicht mehr besitzt, so ist es in öffentlichen Terminen auszubieten und der Zuschlag auf jeden annehmbaren Preis zu erteilen.

Die freihändige Abgabe von Holz darf ohne Ausnahme nur zum Taxpreise erfolgen, denn nur dadurch wird sich der Beamte vor etwaigen Verdächtigungen schützen, daß er diesen oder jenen Käufer begünstige.

Kap. 12. Der Holzverkauf durch öffentliche Versteigerungen. Versteigerungsprotokoll, Holzverabfolgezettel.

Es ist selbstverständlich, daß jeder Versteigerung eine rechtzeitige, möglichst umfangreiche Bekanntmachung des Termins und des Materials, das zum Verkauf kommen soll, vorhergehen muß. Bei vorwiegend lokalem Absatz ist eine Veröffentlichung in den kleinen Lokalblättern wirksamer als in den größeren Zeitungen. Außerdem empfiehlt sich das Aushängen von Bekanntmachungsplakaten in den Gasthäusern und Kaufläden der umliegenden Ortschaften. Die Entscheidung der Frage, ob der Termin zweckmäßiger an Ort und Stelle im Walde oder im Gasthause abzuhalten ist, hängt von den lokalen Verhältnissen und schließlich von der Gewohnheit des kaufenden Publikums ab. Beim Verkauf an Ort und Stelle wird vielleicht für manches Stück Bauholz und für manchen Meter Brennholz ein etwas höherer Preis erzielt als beim Verkauf im Zimmer, durch schlechtes Wetter kann andererseits aber wieder der Erfolg ein sehr ungünstiger werden. Zweckmäßig ist der Verkauf an Ort und Stelle überhaupt nur, wenn die Stücke einzeln zum Ausgebot kommen und die Käufer die ausgebotenen Stücke sich ansehen können. Bei größeren Losen gewährt der Verkauf an Ort und Stelle keinen Vorteil. Im Interesse der Buchführung ist der Verkauf im Zimmer entschieden vorzuziehen.

An jeder Versteigerung müssen, wenn das Geschäft einen raschen Fortgang nehmen und trotzdem die rechnerische Richtigkeit gewährleistet werden soll, mindestens drei Personen teilnehmen: Einer, der das Holz nach Nummer, Sortiment und Taxpreis auf Grund des Nummerbuches ansruft und darin das Meistgebot, den Käufer und die Nummer des Holzverabfolgezettels einträgt, ein zweiter, der das Versteigerungsprotokoll führt und hierin die Nummer, das Sortiment, Taxpreis, Meistgebot, Namen des Käufers und Nummer des Zettels bucht, ein dritter, der das Meistgebot in eine Nebenliste für die Gelderhebung einträgt und die Holzverabfolgezettel ausstellt. Bei diesem Verfahren wird das Meistgebot viermal gebucht: in das Nummerbuch, in das Versteigerungsprotokoll, in die Nebenliste des Kassenbeamten und auf den Verabfolgezettel. Ein etwaiges Mißverständnis oder ein Irrtum wird sich daher sehr leicht aufklären lassen. Die richtige Führung des Versteigerungsprotokolles ist von der größten Wichtigkeit, weil hiervon die Richtigkeit der späteren Buchführung abhängt. Wie ein solches Versteigerungsprotokoll einzurichten ist, wie die Eintragungen gemacht werden und wie dasselbe abgeschlossen wird, ist leicht aus dem Beispiel im nachfolgenden Schema zu ersehen. In vielen Fällen wird man in der Lage sein, das Protokoll vorzubereiten, indem man die Lose vor dem Termin bereits zusammenstellt und in das Protokoll einträgt; zweckmäßig ist dies aber nur dann, wenn man vermuten kann oder aus Erfahrung weiß, daß das ausgebotene Holz ganz oder zum größten Teil auch verkauft wird.

Jeder Käufer erhält für das von ihm gekaufte Material vom Kassenbeamten einen Holzverabfolgezettel als Quittung der geleisteten Zahlung. Nur gegen Abgabe dieses Zettels an den Forstbeamten darf dieser das Holz anweisen und abfahren lassen. Die nicht bezahlten Holzverabfolgezettel bleiben in den Händen des Kassenbeamten. Sollten daher in einem Termin die Geldbeträge nicht sämtlich eingehen, so muß der Kassenbeamte die Ausstände oder Einnahmereste durch nicht ausgehändigte Holzverabfolgezettel belegen können.

Holz-Versteigerungsprotokoll.

Verlag Nr.

Register: Melchow.

Form: Nr. 8a.

Nr. 13. / des Holzausgabebuches.
Nr. des Zolleinnahmebuches.

Wirthschaftsjahr: 1893/94.

Termin am 14ten Januar 1891.

Nr. des Gebäudeeinnahme-Manuals.

Nr. des Loses	Jag.	Abt.	Nr. des Holzes	Holzart / Stück / Reih. meter	Kloben	Knüppel I	Knüppel II	Stockholz	Reisig I	Taxwerth / pro Ein-heit	für das ganze Los	Meist-gebot als zu erhebender Mant: preis	Name des Meistbietenden	Wohnort	Licitations-durchschnittspreis pro Einheit	Nr. des Holzverabfolge-Zettels	Datum der Bezahlung an die Forstkasse	Nr. des Kassenjournals

Bei Verkäufen größerer Lose, für die mehrere Verabfolgezettel aufgestellt werden müssen, ist darauf zu sehen, daß das aufgeführte Material mit seinem wirklichen Werte dem angegebenen Geldbetrag entspricht.

Die sämtlichen Verabfolgezettel eines Jahres werden fortlaufend numeriert, nach der Reihenfolge, wie sie in den verschiedenen Versteigerungsprotokollen aufgeführt sind. Der Forstbeamte hat die Zettel zu sammeln und dem Holzausgabebuch als Beläge beizufügen.

Form. Nr. 9 (Vorderseite).

Holzverabfolgezettel Nr. 350.

Revier: Melchow.　Jag. 5 Abt. a.　　　　　　　　　Wirtschaftsjahr 1893/94.

Der Schmidt aus Biesenthal hat für das von ihm gekaufte Holz:

No. 1　1 Stück Eichen-Nutzholz 0,71 fm　15,00 Mk.

am 15ten Januar 1893 bezahlt, und ist ihm gegen Abgabe dieses Zettels an den Beamten des obengenannten Revieres bei Erfüllung der allgemeinen Holzverkaufs-Bedingungen das vorstehend bezeichnete Holz zu verabfolgen.

Der　　　　　　　　　　　Der

Form. Nr. 9 (Rückseite).

Auszug aus den allgemeinen Verkaufs-Bedingungen.

1. Durch den Zuschlag geht die Gefahr des verkauften Holzes auf den Käufer über, die Forstverwaltung haftet für dasselbe nicht länger.
2. Verlangt ein Käufer die örtliche Vorzeigung des Holzes, so geschieht dies binnen höchstens 8 Tagen nach dem Zuschlag. Meldet er sich binnen dieser Frist nicht bei dem betreffenden Revierbeamten, so wird angenommen, daß er auf die Vorzeigung verzichtet.

3. Nur nach Abgabe dieses Zettels an den Revierbeamten darf das Anladen und die Abfuhr, und zwar nur auf den hierzu angewiesenen Wegen und nur an den Wochentagen, aber niemals vor Aufgang oder nach Untergang der Sonne erfolgen. Zuwiderhandlungen werden nach § 15 des Feld- und Forstpolizei-Gesetzes vom 1. April 1880 bestraft.

Sofort nach Beendigung des Ausbietens muß der Forstbeamte in dem Versteigerungsprotokoll und der Kassenbeamte in seiner Nebenliste für die Gelderhebung das Meistgebot anrechnen, und erst wenn die Übereinstimmung festgestellt ist, kann ersterer den Abschluß des Protokolls bewirken und letzterer mit dem Einkassieren der Gelder beginnen. Dieses Verfahren ist streng zu beobachten, weil etwaige Versehen beim Niederschreiben des Meistgebots auf diese Weise sofort erledigt werden können. Läßt sich ein entdeckter Fehler nicht aufklären, so ist das betreffende Los noch einmal auszubieten. Der Geldbetrag wird mit dem Schlußsatz: „Festgestellt auf die zu erhebende Summe von: . . . . . (buchstäblich:) . . . . . u. s. w." durch Unterschrift des Forstbeamten und des Kassenbeamten, sowie sonstiger, dabei mitwirkenden Personen bestätigt.

Zweckmäßig ist es sodann, wenn der Forstbeamte später in seiner Wohnung das Protokoll noch einmal mit dem Nummerbuch vergleicht, damit er die bestimmte Überzeugung hat, daß auch bezüglich der Materialangaben keine Fehler vorgekommen sind.

Die Schlußsumme jedes Versteigerungsprotokolls ist sofort in das Holzausgabebuch und der Geldbetrag auch noch in das Solleinnahmebuch einzutragen.

Kap. 13. Der freihändige Holzverkauf. Erhebeliste.

Der freihändige Verkauf kann, wie schon angedeutet ist, verschieden gehandhabt werden. Will man das Princip streng zur Anwendung bringen, daß nur der Kassen= beamte die Gelder einkassiert, so läßt sich dies nur in der Weise durchführen, daß der Holzkäufer zunächst vom Forstbeamten sich einen Holzverabfolgezettel über das ge= wünschte Holz ausstellen läßt, diesen an der Kasse bezahlt und dann mit dem quittierten Zettel zum Forstbeamten zurückkommt und nach Abgabe desselben das Holz angewiesen erhält. Der Forstbeamte bucht dann jeden Zettel mit Material und Geld in eine eigens für diese Verkaufsart zu führende Liste, die „Erhebeliste" genannt, die monatlich geführt wird. Diese wird in ähnlicher Weise wie das Ver= steigerungsprotokoll abgeschlossen und nach vorheriger Buchung in das Holzausgabe= buch und das Solleinnahmebuch zur Kasse gesandt.

Bequemer für die Käufer, aber unter Aufgabe des angegebenen Princips ist es, wenn der Forstbeamte den Verkauf an Ort und Stelle selbst vornehmen und auch das Geld sofort einkassieren darf. Für diesen Fall ist, streng genommen, die Aufstellung des Holzverabfolgezettels nicht nötig, denn der Verkauf geschieht Zug um Zug. Hierfür empfiehlt es sich, daß der Forstbeamte unter Benutzung der Nummerbücherformulare sich Conceptbücher anfertigt, und zwar eins für das Nutzholz und eins für das Brennholz. Für jeden einzelnen Verkaufstag ist eine besondere Nachweisung aufzustellen und diese nach Beendigung des Ver= kaufes abzuschließen. Die Angaben des Conceptes werden sodann in eine Erhebe= liste eingetragen und nach Buchung in das Holzausgabebuch und in das Solleinn= nahmebuch mit dem Gelde zur Kasse gesandt. Um nicht gar zu viele Beläge zu bekommen, ist das Publikum daran zu gewöhnen, daß der Holzverkauf nur an einem bestimmten Wochentage erfolgt; es ist dies auch schon deshalb nötig, damit der Beamte an den übrigen Tagen für seinen Dienst frei bleibt.

Hervorgehoben ist schon, daß der freihändige Verkauf nur zum Taxpreis er= folgen darf.

In welcher Weise die Erhebelisten aufzustellen und abzuschließen sind, ergiebt sich aus folgendem Schema.

Die für den freihändigen Verkauf aufgestellten Holzverabfolgezettel werden unter sich in der Reihenfolge, wie sie in den Erhebelisten aufgeführt sind, numeriert.

Kap. 14. Deputat- und Wirtschafts-Hölzer.

Auf jeder größeren Besitzung findet ein nicht unbeträchtliches Quantum des Holzeinschlages zur Befriedigung des eigenen Bedarfs Verwendung. Der Wert desselben ist mitunter so beträchtlich, daß er größer als die Einnahmen aus dem verkauften Holz sein kann. In erster Linie muß der Wald den gesamten Bedarf an Brennholz für die Räume des Besitzers liefern, sodann ist den meisten Beamten die Lieferung von Brennholz zugestanden, und zwar entweder ohne Einschränkung,

Nr. III. 1. des Holzausgabebuches.
Nr. des Zolleinnahmebuches.

Belag Nr.

Erhebeliste
für freihändig verkauftes abgegebenes Holz
für die Zeit vom 1ten Januar 1894 bis 31ten Januar 1894.

Wirtschaftsjahr: 1893/94.

Revier: Melchow.

Norm. Nr. 10a.

Nr. des Gebeinnahme-Monats	Schutzbezirk	Name und Wohnort des Holzempfängers	Nr. des Holzes in der Anzahl-Längs-Tabelle	Holzart	Sortiment und Quantität des abgegebenen Holzes (nach Bedarf auszufüllen) Raummeter	Tarwert pro Einheit	Tarwert für das ganze Quantum	Nr. des Rasennornials
9/1 115	Melchow 5 a	Conrad, Melchow	9	Bi	1 . 50	10.00	5.00	184
9/1 116	5 a	Walter,	292	Bi		7.50	22.50	186
9/1 117	5 a	ders.	295/296	Kie		7.00	12.00	185
9/1 118	5 a	ders.	329/332	Kie	9	7.00	63.00	189
9/1 119	5 a	Voigt, Klobbicke	25	Bi		3.50	10.50	193
6/1 120	5 a	Dresow, Hegermühle	580	Kie		6.00	6.00	190
10/1 121	16 b	Schwarz, Steinfurth	15	Kie	6	7.50	7.50	201
16/1 122	16 b	Müller, Hegermühle	35	Kie	13	7.00	12.00	
16/1 123	16 b	ders.	7	Kie	3	7.50	13.50	188
16/1 124	16 b	Klein, Hegermühle	5	Kie	3	7.50	13.50	190
				Summa:	1 . 50 . 18 . 6 . 3 . 6 . 15		155.50	

Festgestellt auf die Summe von Einhundert und fünfundvierzig Mark.

Melchow, den 31. Januar 1894.

Der Förster.
N. N.

Rekapitulation nach Holzarten:

Birken	3 . 6	
Birken	1 . 50 . 6 . 6 . 3 . 6 . 15	
Kiefern	1 . 50 . 18 . 6	

Böhm, Anleitung zur Buch- und Rechnungsführung.

5

oder bis zu einem gewissen Maximum; ferner bekommen die ständigen landwirt=
schaftlichen Tagelöhner, die sogenannten Hofeleute, meistens geringwertigere Brenn=
holzsortimente und sonst dergl., schließlich werden zu Bauten und Reparaturen
nicht unbedeutende Quantitäten von Nutzholz und bei eigenem, landwirtschaftlichem
Betriebe auch Schirrhölzer gebraucht.

Wenn die Forst alle diese Holzmassen abgeben wollte, ohne sich den Wert
derselben in Rechnung zu stellen, so würde die Einnahme aus der Forst sehr gering
ausfallen. Es ist deshalb das Princip zur Durchführung zu bringen, daß der eine
Betrieb von dem anderen Erzeugnisse, soweit als irgend angängig ist, erhalten kann,
daß er sie aber bezahlen muß, genau so, als wenn er sie von einem Fremden kaufen
würde. So kann beispielsweise die Landwirtschaft alles, was sie an Holz, Streu
und dergl. bedarf, von der Forst beziehen, und umgekehrt die Forst die Natural=
deputate für ihre Beamten, und etwaige Hand= und Spanndienste zur Ausführung
der Kulturen von der Landwirtschaft, aber am Jahresschluß werden die Rechnungen
ausgezogen, und der eine Betrieb muß dem anderen bezahlen, was er ihm schuldet.
Ob bei diesem Abrechnen nun die ortsüblichen Preise zu Grunde gelegt werden, oder
ob bestimmte, ein für allemal festgesetzte Preise angewendet werden, ist schließlich
gleichgiltig; das Richtigste ist natürlich die ortsüblichen, denn nur dadurch wird der
Rechnungsabschluß ein den thatsächlichen Verhältnissen entsprechendes Bild geben.

Das rechnerische Verfahren, das hierbei zu beobachten ist, ist kurz folgendes:
Jede Holzabgabe darf nur auf Grund einer Anweisung geschehen, die von dem
Leiter desjenigen Betriebes auszustellen ist, für dessen Rechnung die Abgabe erfolgt.
Der Forstbeamte stellt auf Grund dieser Anweisung einen Verabfolgezettel aus,
überweist das gewünschte Holz, streicht die betreffenden Nummern in seinem Nummer=
buch und bucht das Material nebst Geldwert in das Holzausgabebuch bei dem
Konto des betreffenden Betriebes. Die Anweisungen sind sorgfältig aufzubewahren
und den am Jahresschluß aufzustellenden Rechnungen als Beläge beizufügen. Damit
der Forstbeamte auch einen Nachweis über die richtige Abgabe des Holzes hat, läßt
er sich den Empfang auf dem Holzverabfolgezettel bescheinigen. Diese mit Quittung
versehenen Verabfolgezettel werden am Jahresschluß dem Holzausgabebuch als
Beläge beigefügt.

Eine bare Geldeinnahme oder eine Geldausgabe findet durch diese Abrechnungen
der verschiedenen Betriebe desselben Besitzers nicht statt. Eine Veränderung des
Geldbestandes der Hauptkasse ist damit auch nicht verknüpft, denn was dem einen
Betriebe zugeschrieben wird, wird dem anderen abgeschrieben. Es erscheint daher
völlig ausreichend, zunächst von dem Forstbeamten nur die Materialabgaben buchen
und die Geldabrechnung einmal am Jahresschluß eintreten zu lassen, in der
Weise, daß der Forstbeamte unter Benutzung des Erhebungslisten=Formulars für
jeden Betrieb eine Rechnung in zwei Ausfertigungen aufstellt. Der Betrieb, für
dessen Rechnung die Lieferung geschah, erhält die eine mit den Anweisungen als
Ausgabebeleg, die zweite mit den Holzverabfolgezetteln dient dem Forstbeamten als
Materialausgabe= und dem Kassenbeamten als Geldeinnahmebeleg.

Nachdem die Buchung der Geldbeträge in das Solleinnahmebuch erfolgt, gehen
die Erhebelisten zur Kasse, damit auch hier die erforderlichen Eintragungen in die
Kassenbücher gemacht werden.

Kap. 15. Buchung des abgegebenen Holzes.

Holzausgabebuch.

Die Schlußsumme jedes Versteigerungsprotokolls, sowie die Schlußsumme jeder Erhebeliste über freihändigen Verkauf, sowie über die Holzabgaben für den eigenen Wirtschaftsbedarf werden in das Holzausgabebuch eingetragen. Dasselbe ist mit dem Holzeinnahmebuch übereinstimmend einzurichten, so daß die gleichen Rubriken für die verschiedenen Holzarten und deren Sortimente vorhanden sind.

Die Eintragung kann auch hier entweder journalweise oder manualweise geschehen. Mit Rücksicht darauf jedoch, daß die Abgaben meist sehr verschiedener Art sind, und daß es wünschenswert ist, eine Übersicht über den Umfang nach dieser oder jener Richtung hin zu behalten, empfiehlt sich ganz besonders die manualweise Buchführung.

In Betracht kommen hauptsächlich die nachfolgend aufgeführten Abgabe-Arten, und es sind dementsprechend die Buchungen unter folgende Kapitel zu bewirken:

I. Verkauft an Fremde:

    A. öffentlich meistbietend.

    B. freihändig.

II. Zum eigenen Wirtschaftsbedarf:

    1. Brennholz für den Besitzer. Etat: nach Bedarf.

    2. Deputatholz für den Kutscher N. N. Etat: 20 rm kief. Knüppel II.

    3.   "   "   Diener N. N.   Etat: 20 rm   "   "

    4.   "   "   Förster N. N.   Etat: 36 rm   "   "
         • Reisig nach Bedarf.

    5. Deputatholz für die herrschaftlichen Tagelöhner, Etat in Summa: 120 rm kief. Stockholz und 200 rm Reisig.

    6. für Bauten und Reparaturen. Etat: nach Bedarf.

u. s. w., je nachdem es die obwaltenden Verhältnisse verlangen.

Bei Einrichtung des Buches ist für jeden einzelnen Titel soviel Raum zu lassen, daß die Buchungen im Laufe eines Jahres Platz finden, und daß auch eine Anfrechnung stattfinden kann. Der Abschluß des Holzausgabebuches am Schluß des Wirtschaftsjahres findet in der Weise statt, daß zunächst die einzelnen Titel ausgerechnet werden, und dann eine Rekapitulation erfolgt, und zwar zunächst selbständig für A und für B. Durch Addieren der beiden Summen erhält man schließlich die Gesamtausgabe an Material und die Gesamteinnahme dafür an Geld, letztere in Übereinstimmung mit Tit. 1 des Solleinnahmebuches und der Einnahme in den Kassenbüchern. Bei der manualweisen Buchung ist es allerdings schwierig, schnell einen etwa erforderlichen Abschluß während des Wirtschaftsjahres zu machen. Wo dies erforderlich ist, müssen die Eintragungen auch journalweise geschehen, wie dies bei dem Holzeinnahmebuch auseinandergesetzt ist.

Wirthschaftsjahr: 1893/94.　　　　　　　　　**Holzhaus**

Laufende Nr.	Tag der Abgabe Monat Tag	Bezeichnung der Ausgabe bez. des Empfängers	Laubholz (hart): Eichen										Laubholz		
			Nutzholz			Brennholz							Nutz
			Stämme und Derbholz stangen	Reiser bolz stangen	Scheit nutz holz	Knüppel I	Knüppel II	Stockholz	Reisig I	Reisig II	Reisig III	Stämme und Derbholz stangen	Reiser bolz stangen
			Stück fm dec	Stück fm dec	rm rm	Raummeter						Stück fm dec	Stück fm dec
		I. Einnahme												
1		unverkaufte Hölzer aus dem vorigen Jahre											
2		zugeschlagen im laufenden Wirtschaftsjahre	2 2 44 100 1 00	. 11 28 . 11 2	. . 28 5 80								
		Summa Einnahme	2 2 44 100 1 00	. 11 28 . 14 2	. 28 5 80 . .								
		II. Ausgabe												
		(Journalweise Buchung)												
1	Aug. 10.	Deputatholz f. d. Förster N.											
2	„ 15.	desgl. f. d. Kutscher N.											
3	„ 16.	zu Bauten u. Reparaturen (Wirtschaft)	.1 . 10 2 65										
4	Jan. 12.	freihänd. verk. lt. Erhebeliste	3 . 1 .	1 . 50									
5	„ 14.	verkauft in der Licitation u. s. w.	2 2 44 . 100 1 00	. 18 14 1 8 10 . . 1	6 1 82 11 . 83								
		Summa Ausgabe	2 2 44 100 1 00	. 11 28 . 14 2	. 28 5 80 .								
		Ausgabe (Monatsweise Buchung)												
A.		*I. verkauft an Fremde:* Öffentlich meistbietend:											
1	Jan. 12.	laut Protokoll u. s. w.		. 18 . 14 1 . 8 10 .	6 1 82 11 . 83								
		Summa A.	2 2 44	. . 8 28 . 14 1	17 2 65								
B.		Freihändig:											
1	Jan. 31.	laut Erhebeliste u. s. w.		3 . 1 .	1 . 50								
		Summa B.		3 . 1 .	1 . 50								
1	Sept. 20.	*II. zum eigenen Wirtschafts- bedarf:* an die Herrschaft Brennholz lt. Anweisung u. s. w.											
		Summa											
2	Aug. 15.	a. d. herrschaftl. Kutscher N. lt. Anweisung u. s. w.	Etat: 20 rm Kiefern-Knüppel II										
		Summa											
3	Aug. 16.	zu Bauten u. Reparaturen lt. Anweisung	Etat: nach Bedarf			. 10 2 65							
		Summa				. 10 2 65							
4	Aug. 10.	an den Förster N. lt. Anweisung u. s. w.	Etat: 36 rm Kiefern-Knüppel II; Reisig nach Bedarf										
		Summa											
u. s. w.													

gabebuch. Revier: Melchow. Form. Nr. 11a.

(weich): Birken holz		Brennholz						Nutzholz		Nadelholz						Brennholz						Geld- betrag
Schicht nutz holz I	II	Kloben	Knüppel I	Knüppel II	Stockholz	Reisig II	Reisig III	Stämme und Derbholzstangen	Reiserholz stangen	Schicht nutz holz I	II	Kloben	Knüppel	Stockholz	Stockholz	Reisig I	Reisig II	Reisig III				
rm	rm	Raummeter						Stück fm dec	Stück fm dec	rm	rm	Raummeter										Mk. Pf.
												143	62	120								
. 39 43 81	. 10 60 3 16	4541 2223 87	1560 23 45	.	133 1057	.	888 1338 702 955 1529															
. 39 43 81	. 10 60 3 16	4641 2223 87	1560 23 45	.	133 1200	.	950 1358 702 955 1529															
							12															36 00
							6															18 00
		15 20 50	200 . 30																			350 00
. 6 . 3	.	9 6	.	3 6	. 15																	195 50
. . 18 .	2 . 95																					334 00
. 33 25 78	. 10 60 3 16	4624 2202 72	1360 23 45	.	121 994	.	882 1197 691 955 1505															37 509 44
. 39 43 81	. 10 60 3 16	4641 2223 87	1560 23 45	.	133 1000	.	900 1200 700 955 1520															38 442 94
. . 18 .	2 . 95																					334 00
. 19 3 59	. . 34 .	3498 1698 55	.	.	73 600	.	550 500 400 905 290															25 666 00
. 19 21 59	. . 34 .	3500 1699 50	.	.	73 600	.	550 500 400 905 290															26 000 00
. 6 . 3	.	9 6	.	3 6	. 15																	195 50
. 14 .	.	10 26 3 16	1126 503 87	1360 23 45	.	51 280	.	291 697 281 50 1170														11 052 44
. 20 . . 3	. 10 26 3 16	1126 503 87	1360 23 45	.	60 286	.	294 700 290 50 1185															11 247 94
. . 22 .																						110 00
. . 19 .						. 110	.															497 00
. 22 19 .	.	.	. 110 .																		607 00
						6																18 00
						14	.															42 00
						20	.															60 00
		15 20 50	200 . 30																			350 00
		15 20 50	200 . 30	.																		350 00
						12																36 00
						21	. 10	. 30														107 00
						36	. 10	. 30														143 00

Laufende Nr.	Tag der Abgabe Monat Tag	Bezeichnung der Ausgabe bez. des Empfängers	Laubholz (hart): Eichen												Laubholz	
			Nutzholz			Brennholz									Nutz	
			Stämme und Derbholz stangen	Reiser holz stangen	Schicht nutz holz I II	Kloben	Knüppel II	Knüppel I	Stockholz	Reisig I	Reisig II	Reisig III		Stämme und Derbholz stangen	Reiser holz stangen
			Stück fm dec	Stück fm dec	cm cm	Raummeter								Stück fm dec	Stück fm dec

I. Verkauft an Fremde: — *Rekapi*

A. öffentlich meistbietend — 2 2 11 . . 8 28 . . 11 1 . 17 2 65 .|. .

B. freihändig — . . . . . 3 . . . 1 . 1 . 50 .|. .

Summa I — 2 2 11 . . . 11 28 . 14 2 . 18 3 15 .|. .

II. zum eigenen Wirtschafts-bedarf:

1. an die Herrschaft

2. Deputat an den herrsch. Kutscher N. — . . . . .|. .

3. zu Bauten und Reparaturen — . . . 10 2 65 .

4. Deputat an den Förster N. — . . . .|.|.|.!

5. für Kulturzwecke — . . . 100 1 00 . . .|.|.|.!

Summa II — . . 100 1 00 . . . . 10 2 65 .|. .

hierzu Summa I — 2 2 11 . . 11 28 . 14 2 . 18 3 15 . . .

Summa Ausgabe — 2 2 11 100 1 00 . 11 28 . 14 2 . 28 5 80 .|. . .

Ba

Die Einnahme beträgt — 2 2 11 100 1 00 11 28 14 2 28 5 80 .|. .

Die Ausgabe beträgt — 2 2 11 100 1 00 11 28 . 14 2 28 5 80 . . .

Bestand ult. Juni — . . . .|.|.|.!

Auf der ersten Seite des Holzausgabebuches erfolgt die Nachweisung der gesamten Holzeinnahme, und zwar getrennt nach folgenden Abschnitten:

1. Unverkaufte Hölzer aus dem vorigen Wirtschaftsjahre.
2. Zugeschlagen im laufenden Wirtschaftsjahre.

Summa Einnahme.

Unter 1 ist das Material einzutragen, das sich aus dem Abschluß des vor-jährigen Holzausgabebuches als verbliebener „Bestand" ergeben hat, und unter 2 die Material-Schlußsumme des diesjährigen Holzeinnahmebuches.

Die hieraus sich ergebende Gesamt-Einnahme an Holz wird am Schlusse des Holzausgabebuches gegen die Gesamt-Ausgabe balanciert, und auf diese Weise der Bestand ermittelt, der auf die erste Seite des neu anzulegenden Holzausgabe-buches zu übertragen ist.

(weich): **Birken**								**Nadelholz**											
holz	Brennholz					Nutzholz				Brennholz									Geld-
Schicht nutz holz I · II	Kloben	Knüppel I	Knüppel II	Stockholz	Reisig I	Reisig II	Reisig III	Stämme und Derbholzstangen	Reiserholz- stangen	Schicht nutz- holz I · II	Kloben	Knüppel I	Knüppel II	Stockholz	Reisig I	Reisig II	Reisig III	betrag
rm rm	Raummeter							Stück im dec	Stück im dec	rm rm	Raummeter							Mk. Pf.

tulation:

. 19 21 59	. 34	.		3500 1699 50	.	.	.	73 600	.	550 500 400 905 290									26 008 00
. 20 . 3	. 10 26 3 16	1126 503 87	1360 23 15	. 60 281	.	294 700 290 50 1185				11 247 97									
. 39 21 62	. 10 60 3 16	1626 2203 37	1360 23 15	. 133 881	.	844 1200 690 955 1475				37 247 97									

22 19 .								110	.										602 00
.								.	20										60 00
					15 20 50 200		30												250 00
. .						.		36	10	30									113 00
. .						.		5	.	15									35 00
. 22 19		15 20 50 200		30	.	116	.	56 . 10 . 15										1 195 00
. 39 21 62	. 10 60 3 16	1626 2203 37	1360 23 15	. 133 881	.	844 1200 690 955 1175				37 247 97									
. 39 43 81	. 10 60 3 16	1611 2223 87	1560 23 45	. 133 1000	.	900 1200 700 955 1520				38 442 97									

lance:

. 39 43 81	. 10 60 3 16	1611 2223 87	1560 23 45	133 1200	.	950 1358 702 955 1529													
. 39 43 81	. 10 60 3 16	1611 2223 87	1560 23 45	133 1000	.	900 1200 700 955 1520													
. .					.	.	200	.	50 158 2 . 9										

Kap. 16. Forstnebennutzungen.

Zu den Forstnebennutzungen gehören: Kies, Sand, Lehm, Steine, Streu, Rohr, Gras, Raff= und Leseholz, Waldfrüchte, Mast= und Weidenutzung, Torf, Fischerei ꝛc.

Die Nutzungen können geschehen:

1. Durch Verkauf des für Rechnung der Forstkasse geworbenen Materials.
2. Durch Verkauf zur Selbstwerbung seitens des Käufers.
3. Durch ein= oder mehrjährige Verpachtung der Nutzung.

Über das für Rechnung der Forstkasse geworbene Material ist in ähnlicher Weise wie bei der Holzgewinnung ein Nummerbuch aufzustellen und auf Grund des Abschlusses desselben ein Lohnzettel anzufertigen, dessen Betrag bei der Forstkasse zur Auszahlung gelangt. Sind die Nutzungen nicht umfangreich, und sind Rest=

beſtände am Schluſſe des Wirtſchaftsjahres nicht zu befürchten, ſo iſt von der Auf=
ſtellung beſonderer Einnahmebücher abzuſehen, die Nummerbücher können deren
Stelle vertreten. Am Jahresſchluſſe findet auf Grund der Lohnzettel dann eventuell
eine kurze Zuſammenſtellung der geſamten verausgabten Werbungskoſten ſtatt, die
mit dem Betrag des Tit. 2 der Ausgabebücher der Kaſſe übereinſtimmen müſſen.

Nr.   des Forſtnebenunnutzungs-Ausgabebuches: Belag Nr.
Nr.   des Zolleinnahmebuches:

Verſteigerungs-Protokoll
zur Verpachtung von Forſtgrundſtücken zur Grasnutzung.

Wirtſchaftsjahr: 1863/94.
Revier: Melchow.

Termin am   ten   1.

Nr.   des Geldeinnahme-Journals.
Nr.   des Geldeinnahme-Manuals

Form. Nr. 12a.

laufende Nr	Jagen u. Abteilung	Bezeichnung der Pachtflächen	Größe der Pacht-flächen ha de	Vor-jähriges Pachtgeld Mk. Pf.	Wert der Nutzung nach der Schätzung Mk. Pf.	Der Pächter Namen Wohnort		Meiſt-gebot als Pachtgeld Mk. Pf.	Unterſchrift des Pächters
1	20	Wiesen	10 00	3.40 00	3.45 00	Wagner	Melchow	350 00	
							Summa	350 00	

Feſtgeſtellt auf die zu erhebende Summe von *Dreihundert und fünfzig Mark.*

Der Forſtbeamte.   Der Kaſſenbeamte.

Zur Verſtempelung iſt der Vertrag in das Pacht= (Miet=, Antichreſe=) Verzeichnis unter
Nr. 1 eingetragen.

Der Kaſſenbeamte.

Wegen der Vielſeitigkeit dieſer Nutzungen läßt ſich ein einheitliches Formular
nicht aufſtellen. Mehr als beim Holz rechtfertigt ſich bei den Forſtnebennutzungen
die freihändige Abgabe, in den meiſten Fällen iſt der Bedarf nur ein gelegentlicher
und das Objekt, abgeſehen vielleicht von den Verpachtungsgegenſtänden, nur von
geringerem Wert. Soweit es geht, iſt auch für dieſe Nutzungen eine Taxe aufzu=
ſtellen, beſonders für diejenigen, welche öfter zur freihändigen Abgabe kommen. Für
Grasnutzungen empfiehlt ſich die öffentliche Verpachtung, unter Zugrundelegung

von bestimmten, durch die lokalen Verhältnisse gegebenen Bedingungen. Hierfür ist zweckmäßig das Formular auf Seite 40 zu verwenden.

Bei den einjährigen Verpachtungen erfolgt die Bezahlung der Pachtsumme in der Regel sofort, bei den mehrjährigen werden dagegen die Zahlungstermine in den betreffenden Pachtverhandlungen festgesetzt. In erster Linie ist es zwar Sache des Kassenbeamten, dafür zu sorgen, daß die Beträge rechtzeitig eingehen, der Forstbeamte muß jedoch diese Beträge auch pünktlich am Fälligkeitstermin in seine Bücher: das Solleinnahmebuch und das Forstnebennutzungs-Ausgabebuch, eintragen, damit sie in steter Übereinstimmung mit den Kassenbüchern bleiben.

In den meisten Fällen wird es genügen, wenn über die Ausgaben der sämtlichen Forstnebennutzungen ein einziges Forstnebennutzungs-Ausgabebuch nach nebenstehendem Muster von dem Forstbeamten geführt wird, in welches journalweise nach dem Tage der Abgabe oder nach den Fälligkeitsterminen der Gegenstand der Nutzung und der Geldbetrag gebucht wird. Für das auf Rechnung der Forstkasse geworbene Material wird sich unter Umständen durch Anfertigung von Spalten die Masse gesondert darstellen lassen, so daß die Anlegung besonderer Ausgabebücher für die verschiedenen Arten der Nutzung entbehrlich wird.

Bei freihändiger Abgabe ist dasselbe Verfahren wie bei den Holzabgaben innezuhalten, es werden Erhebelisten aufgestellt, wozu das Formular des Ausgabebuches zu benutzen ist. Ausreichend ist es, wenn diese monatlich an die Kasse eingesandt werden (vergl. Seite 32 u. folg.).

Der Abschluß des Forstnebennutzungs-Ausgabebuches muß in dem Geldbetrage übereinstimmen mit Tit. 2 des Solleinnahmebuches und mit Tit. 2 der Einnahme in den Kassenbüchern.

Forstnebennutzungs-Ausgabebuch.
(Realitätsnummer 130.)

Ort der Nutzung	Datum der Abgabe			Gegenstand der Nutzung, Art und Maß der Ausübung	Inneren pro Einheit	im ganzen	Geld betrag	Name der Empfänger	Wohnort	Bemerkungen
	Jahr	Monat	Tag		M. Pf.	M. Pf.	M. Pf.			
Melchow 11 a		Juli		Für 2 Fuhren Lehm	1 00	2 00	2 00	Bauer Hoffmann	Eisenthal	
„ 11 a		„	4	Wiesenpacht lt. Verpachtungsprotokoll	375 00	375 00		s. Protokoll		
Melch.-Bisenthl. Str.		„	6	Waldweide für 5 Stück Rindvieh	15 00	75 00	75 00	Bauer Lehmann	Melchow	
		Juni	30	Abholzungen lt. Versteigerungsprotokoll	20 00	65 00		Cantrel	Eisenthal	
				Für Streu an die herrschaftliche Oekonomie u. s. w.	90 00	90 00		Oekonomie		
				Summa		152 00	529 00			

Revier: Wirthschaftsjahr:

Form. Nr. 11 a.

Wildeinnahmebuch und Wildausgabebuch.

Wildeinnahme.

Wildausgabe.

Zeit der Erlegung	Ort der Erlegung	Laufende Nummer	Name des Erlegers oder Berechtigung der Jagdart / Zuständige Forstbehörde	Wildarten	Stück- oder Zeuggeld pro im Stück ganzen	Zeit der Aus-gabe / Empfänger	Wildarten	Preis pro Pfund oder pro Stück / Erlös im ganzen

Kap. 17. Die Jagdnutzung.

Wenn die Jagd verpachtet ist, beschränkt sich die gesamte Buchführung auf die Buchung der eingehenden Pachtraten, die der Forstbeamte am Fälligkeitstage ohne weiteres in das Solleinnahme-buch und der Kassenbeamte nach dem Eingang in die Kassenbücher einträgt.

Wird jedoch die Jagd selbst betrieben, so findet eine Wildeinnahme statt, und hierüber, sowie über die Wildausgabe hat der Forstbeamte Rechnung zu führen und zu legen.

Der Forstbeamte führt hierfür das Wild-einnahmebuch), worin nach dem Tage des Er-legens die einzelnen Wildarten eingetragen werden.

Mit der Wildeinnahme wird zweckmäßig die Nachweisung über die verausgabten Schießgelder ver-bunden, weil deren Betrag nur durch die Stückzahl der einzelnen Wildarten festgestellt werden kann.

Zum Zwecke der Erhebung der Schießgelder wird für jeden Monat oder für jedes Vierteljahr ein Extrakt aus dem Wildeinnahmebuch angefertigt, danach werden die Schießgelder berechnet und die Beträge von der Kasse erhoben.

Das Wildeinnahmebuch ist so eingerichtet, daß es auch zugleich die Wildausgabe und den Gelderlös nachweist.

Besteht die Vorschrift, daß der Käufer das Geld direkt an die Kasse zu bezahlen hat, so muß der Forst-beamte über jeden einzelnen Verkauf eine Anweisung ausstellen, welche der Kasse als Einnahmebeleg zuzu-stellen ist, nachdem zuvor die Beträge in das Soll-einnahmebuch eingetragen sind. Vereinnahmt der Forstbeamte das Geld, so ist dieses mit einer Er-hebeliste als Beleg an die Kasse zu senden. In den meisten Fällen wird eine monatliche Einreichung aus-reichend sein. Über die Wildabgaben zu dem eigenen Wirtschaftsbedarf werden in analoger Weise wie bei den Holzabgaben am Jahresschluß Rechnungen aufgestellt, sofern nicht ein kürzerer Termin geboten ist. Die Geld-beträge sind in das Solleinnahmebuch einzutragen.

Der Abschluß des Wildeinnahme- und -Ausgabe-buches ergiebt einerseits die gesamte Wildeinnahme mit den zu zahlenden Schießgeldern, andererseits die Wildausgabe mit dem Gelderlös dafür. Da dies aber nicht die sämtlichen Geldausgaben und Geldein-nahmen des Tit. 3 sind, so bildet diese Rechnung nur einen teilweisen Beleg für die Kassenbücher.

Zu den Manualen der Kasse wird der Tit. 3 daher zweckmäßig in mehrere Unter-
abteilungen zerlegt, so daß die durch das Wildeinnahme- und -Ausgabebuch des
Forstbeamten nachgewiesenen Geldbeträge mit der Summe je einer dieser Abteilung
übereinstimmen müssen.

Die Buchungen der sämtlichen übrigen Ausgaben, wie Pachtgelder für ange-
pachtete Jagden, Treiberlöhne, Gatterungskosten, Fütterungskosten, Wildschadenersatz-
gelder u. s. w., werden nur von dem Kassenbeamten bewirkt. Alle Gelder, die nicht
zufolge kontraktlicher Verpflichtungen auszuzahlen sind, müssen jedoch von dem Forstbeamten angewiesen werden.

Kap. 18. Aufstellen des Kulturplanes.

Für die sämtlichen, im Laufe eines Wirtschaftsjahres auszuführenden Kulturarbeiten ist ein Plan mit Kostenanschlag aufzustellen. Derselbe muß fertig sein,
bevor mit den Kulturarbeiten begonnen wird, also mit Rücksicht darauf, daß ein
Teil der Arbeiten bereits im Herbst ausgeführt werden könnte, etwa Mitte September.

Ein solcher Plan giebt zunächst eine Übersicht, bis zu welcher Höhe die Kultur-
gelder in Bereitschaft zu halten sind. Dies ist für den Besitzer von großem Vorteil,
weil gerade im Frühjahr auch für die landwirtschaftliche Bestellung größere Summen
erforderlich sind. Für den Forstbeamten liegt sodann in der Aufstellung des Voranschlages
der Zwang, einerseits sich rechtzeitig über die auszuführenden Kulturen schlüssig zu
machen und den Umfang derselben nach vorheriger Überlegung genau festzustellen,
andererseits die veranschlagten Arbeiten auch wirklich zur Ausführung zu bringen.

Der Kulturplan zerfällt zweckmäßig in folgende neun Kapitel, kleinere Betriebe
können die Kapitel 5 bis 9 zu einem einzigen vereinigen:

1. Nachbesserungen.
2. Neukulturen.
3. Kampanlagen.
4. Beschaffung von Samen und Pflanzen.
5. Bewehrungen und Verhegungen.
6. Gräben und Entwässerungsanlagen.
7. Kulturwerkzeuge.
8. Wege und Brücken.
9. Insgemein.

Unter diese Kapitel werden die erforderlichen Arbeiten, nach Jagen und Abteilungen geordnet, eingetragen, jedes Kapitel wird zunächst für sich abgeschlossen; am
Schlusse wird durch eine Rekapitulation die Gesamtsumme festgestellt. Die Veranschlagung der Kosten wird zwar anfangs Schwierigkeiten bereiten, aber nach einiger
Zeit erhält man die erforderliche Übung. Wenn es irgend möglich ist, muß für jede
veranschlagte Position eine gesonderte Verlohnung stattfinden, damit eine Vergleichung der veranschlagten Summe mit dem wirklichen Kostenbetrage möglich und
ersichtlich ist, ob die veranschlagten Arbeiten auch thatsächlich ausgeführt sind. Zur
Vermeidung vieler Lohnzettel können Arbeiten geringeren Umfanges in verschiedenen
Jagen zu einer Position vereinigt werden.

Die Formulare für den Kulturplan sind so eingerichtet, daß auf die linke Seite
der Anschlag, auf die rechte Seite die wirkliche Ausführung geschrieben wird.

In welcher Weise die Eintragungen geschehen, mag das nachfolgende, mit
Beispielen ausgefüllte Formular veranschaulichen:

— 44 —

Wirtſchaftsjahr: 1893/94.
Form. Nr. 15a.

Kulturplan und

Es ſollen kultiviert werden:

Nr.	Ort Jag. Abt.	Größe der zu kulti- vierenden Fläche ha qm	Gänge von Gräben, Wegen 2c.	Beſchreibung und ſpecielle Angabe der vorzunehmenden Kulturen	Koſtenanſchlag im einzelnen Mk. Pf.	im ganzen Mk. Pf.
				Kap. I. Nachbeſſerungen.		
1	7 a	— 20		*Nachbeſſerung einiger durch Larvenfraß entſtandenen Lücken der Kiefern-Kultur durch Pflanzung von 2jähr. verſchulten Kiefern in 1.2 0,5-Verband auf abgeplaggten Streifen.*		
				Rund: 13 Hdt. lfd. Meter abzuplaggen und mit 44 Hdt. Pflanzen zu bepflanzen	. . 12 00	
2 9	3 80			u. s. w.	. . 238 00	
	4 00			Summa Kap. I	.	250 00
				Kap. II. Neukulturen.		
10	20 a	2 00		*Neukultur der vorjährigen Schlagfläche: Pflügen, einſchl. Nachklappen, pro Hektar 16,00*	32 00	
				Lockern der Pflugſohle durch Aufharken und Einſäen von 5 kg Kiefernſamen pro Hektar. Bedecken und Einharken des Samens pro Hektar 12,00	24 00	56 00
11 15	10 00			*Es ſind erforderlich 10 kg Kiefernſamen.*		
				u. s. w.	. . 444 00	
	12 00			Summa Kap. II	. .	500 00
				Kap. III. Anlage und Unterhaltung von Kämpen.		
16	020			*Anlage eines Kiefernſaatkampes.*		
				Rajolen und Klarharken pro Ar 4,00	8 00	
17 19	130			*Ausſaat von 1 kg Samen pro Ar und Bedecken pro Ar 1,00* . .	2 00	10 00
				u. s. w.	. .	140 00
	150			Summa Kap. III	. .	150 00
				Kap. IV. Beſchaffung von Samen und Pflanzen.		
20				*Anſchaffung von 25 kg Kiefernſamen (lt. Pos. 10. 12, 15. 16 und 18), à 5 Mk.*	5 00 125 00	
				desgl. von 1 kg Fichtenſamen (lt. Pos. 17), à 1.50 Mk. . .	1 50 1 50	
				desgl. von 400 Stück 4jähr. Erlenlohden, pro Hdt. 2 Mk.	2 00 8 00	
						35 50
				u. s. w.		
				Summa Kap. IV		170 00

Kulturrechnung.

Revier: M.‑d‑‑‑.

Es sind kultiviert worden:

Größe der Fläche ha dek	Länge von Gräben, Wegen ꝛc.	Beschreibung der ausgeführten Kulturen	Kostenbetrag im einzelnen ℳ ₰	im ganzen ℳ ₰	No. der Gehege
10		Abplaggen von Streifen bez. Plätzen und Bepflanzen mit rd. 70 Hdt. verschulten 2jähr. Kiefern		30 00	1
4 10				212 60	
4 50		Nachbesserungen Summa Kap. I	. .	212 60	
2 00		Herstellen der Pflugfurchen in 1.2 m Entfernung durch die herrschaftlichen Wirtschaftsspanne (vergl. Rechnung, Pos. No. 101. Nachklappen, Aufharken der Pflugsohle. Einsäen des Samens und Bedecken . . . . Verwandt sind 10 kg Kiefernsamen.		28 00	
10 00				446 20	
12 00		Neukulturen Summa Kap. II	.	474 20	
0 20		Anlage eines Kampes nach nebenstehenden Angaben Verwandt sind 2 kg Kiefernsamen.		11 50	
1 30				159 70	
1 50		Kampanlagen Summa Kap. III	. .	171 20	

Es sind beschafft worden:

	Kiefernsamen	Fichtensamen	Hainbuchensamen	Erlenlohden		
	kg	kg	Hdt.			
Kiefernsamen von Conrad Appel, Darmstadt	25				131 50	
desgl.		1			1 20	
Selbst gesammelt	5				1 00	
Von der Baumschule Späth, Rixdorf .			100		10 00	
u. s. w.						
Samen und Pflanzen Summa Kap. IV	25	1	5	100	150 00	

Verwandt sind:

Kiefernsamen: lt. Pos. 10 = 10 kg, 16 = 2 kg u. s. w.   25
Fichtensamen: lt. Pos. 17 = 1 kg . . .   1
Hainbuchensamen: lt. Pos. 5 = 5 kg . . .   5
Erlenlohden: lt. Pos. 8 = 100 Erlenlohden . . .   100

Summa Ausgabe   25   1   5   100

*) Diese Spalten werden mit der Hand angefertigt.

— 46 —

Es sollen kultiviert werden:

Nr.	Ort	Größe der zu kulti- vierenden Fläche	Länge von Gräben, Wegen ꝛc.	Beschreibung und specielle Angabe der vorzunehmenden Kulturen	Kostenanschlag im einzelnen	Kostenanschlag im ganzen
	Jag. Abt.	In der			Mk. Pf.	Mk. Pf.
				Kap. V. Bewährungen und Verhegungen.		
21				Für Instandhaltung der vorhandenen und Herstellung neuer Gatter. zum speciellen Nachweise . .	50	00
				Summa Kap. V .	50	00
				Kap. VI. Abzugs- und Entwässerungsgräben.		
22				Zum speciellen Nachweise	20	00
				Summa Kap. VI . .	20	00
				Kap. VII. Anschaffung und Unterhaltung von Kultur- werkzeugen.		
23				Zum speciellen Nachweise	20	00
				Summa Kap. VII . .	20	00
				Kap. VIII. Unterhaltung und Herstellung von Wegen und Brücken.		
24				Zum speciellen Nachweise	150	00
				Summa Kap. VIII . .	150	00
				Kap. IX. Insgemein.		
25				Für Aufästen. Freischneiden. Teeren junger Kulturen gegen Wildverbiß. Ausheben und Einschlagen von Pflanzen. Reinigen der Kämpe. Ankauf von Mennige. Grasaus- schneiden etc.	190	00
				Summa Kap. IX . .	190	00
				Rekapi		
				Kap I. Nachbesserungen	250	00
				II. Neukulturen	500	00
				III. Kampanlagen	150	00
				IV. Sämereien und Pflanzen . . .	170	00
				V. Bewährungen und Verhegungen .	50	00
				VI. Gräben	20	00
				VII. Kulturwerkzeuge	20	00
				VIII. Wege und Brücken	150	00
				IX. Insgemein	190	00
				Summa .	1500	00

Es find kultiviert worden:

Größe der Fläche		Zäune von Gräben, Hegen ꝛc.	Beschreibung der ausgeführten Kulturen	Kostenbetrag		
ha	dec			im einzelnen	im ganzen	
				Mk. Pf.	Mk. Pf.	
			Ausbessern des Zaunes um den Forstgarten in Jag. 11 durch Einsetzen einzelner Stücke. Ausflechten mit Kiefern- und Wacholderreisig, um das Eindringen der Hasen zu verhindern. Verwandt: 6 rm kiefern Kloben und 15 rm kiefern Reisig III. Kl., 100 Stück eichen Reiserstangen IV. Kl. (selbst geworben), der Wacholder selbst geworben. Material wertlos.		51 00	
			u. s. w.		30 00	
			Bewehrungen und Verhegungen Summa Kap. V		81 00	
			Nichts.			
			Abzugs- und Entwässerungsgräben Summa Kap. VI			
			2 Baumscheren von Dittmar, Heilbronn . . .		5 50	
			Anschaffung von Kulturwerkzeugen Summa Kap. VII		5 50	
			Einbauen der tief ausgeführten Geleise . . .		7 00	
			Ausserdem Strafarbeitstage: 2 Männer à 1,50 = 3,00 Mk.			
			u. s. w.		81 00	
			Unterhaltung u. Herstellung von Wegen u. Brücken Su. Kap. VIII		91 00	
			Ästung sperrwüchsiger Kiefern. Material wertlos .		13 30	
			u. s. w.		201 00	
tulation.			Insgemein Summa Kap. IX		217 30	
					242 60	
					171 20	
					171 20	
					150 00	
					81 00	
					5 50	
					91 00	
					217 30	
					1132 80	
			Hierzu: Taxwert der verwandten Hölzer lt. Nachweisung .		35 00	
			Wert der Hand- und Spanndienste lt. Rechnung .		60 00	
			Summa		1527 80	

Kap. 19. Führung des Arbeiternotizbuches, Aufstellen der Lohnzettel.

Über die Arbeiter und deren Arbeitszeit hat der Forstbeamte ein Arbeiter=notizbuch zu führen. In dasselbe sind täglich die erforderlichen Eintragungen zu machen. Insbesondere müssen darin die Angaben über die Arbeiterversicherungs=beiträge aufgenommen werden. Mit jeder Aufstellung eines Lohnzettels werden die Eintragungen des Arbeiternotizbuches abgeschlossen, so daß also das Arbeiter=notizbuch die Concepte für die Lohnzettel enthält. Da das Arbeiternotizbuch nur eine namentliche Tabelle für 14 Arbeitstage enthält, so ist die Verlohnung über einen längeren Zeitraum nicht auszudehnen.

Die Arbeiterversicherung macht die Führung des Arbeiternotizbuches auch für die im Accord ausgeführten Arbeiten nötig, wie dies bereits bei den Schlägerlohnzetteln angeführt ist.

Wirthschaftseinbr: 1893/94.
Pos. 1 des Kulturplanes.

Arbeiternotizbuch.

Revier: Melchow.
Form. Nr. 16.

Laufende Nr.	der Arbeiter		Arbeitstage im Monat April. M. D. M. D. F. S. M D. M. D. F. S. 5. 6. 7. 8. 9. 10. Tage	Lohn=			Invalid.= u. Altersversicherung					barer Lohn= betrag
				sätz pro Tag Mk Pf	betrag im ganzen Mk Pf	Wochen	Zus pro Woche Mk Pf	Versicherungs= beitrag im ganzen Mk Pf	davon bezahlt			
	Namen	Wohn= ort							der Arbei ter Mk Pf	die Forst= verwal tung Mk Pf		

Pos. 1 des Kulturplanes.

Jaq. 7a: Abplaggen von Streifen und Plätzen und Bepflanzen derselben mit rd. 70 Hdt. 2j. verschulten Kie.

Grösse der Fläche 0.40 ha.

1	Voigt. August	Melchow		3	1 50	1 50	1 20	20	10	10	4 10
2	Müller. Wilhelm	"	3	1 50	1 50	1 20	20	10	10	4 10
3	Ruschke. Ernst	..	3	1 50	1 50	1 20	20	10	10	4 10
4	Schulz. Friedrich	- "	2	1 50	3 00	hat bereits geklebt				3 00
5	Granske, Johann	..	3	1 50	4 50	1 20	20	10	10	4 10
6	Voigt. Auguste	..	/ /	3	1 00	3 00	1 14	14	7	7	2 93
7	Wernecke. Marie	..	/ / /	3	1 00	3 00	1 14	14	7	7	2 93
8	Hoffmann. Anna	..	/	3	1 00	3 00	1 14	14	7	7	2 93
	Lohnzettel vom 10ten April 1894.	Sa.		23	. . 30 00	. .. 1 22	61	61	29 39

Nach Beendigung der Arbeiten einer Position des Kulturplanes erfolgt die Verlohnung durch Aufstellen des Kultur=Lohnzettels auf Grund der zu diesem Zweck abgeschlossenen Eintragungen in das Arbeiternotizbuch. In dem Lohnzettel ist die ausgeführte Arbeit kurz zu beschreiben, die etwa verwandten Pflanzen und Sämereien sind anzugeben.

Sind Hand= und Spanndienste durch den landwirtschaftlichen Betrieb zur Ausführung gebracht, so sind diese gleichfalls dem Umfang nach anzugeben, ebenso die Hölzer, die zur Verwendung gekommen sind, sowie etwaige Straßenarbeitstage.

Bei den Kulturarbeiten können auch vielfach die Bodenarbeiten (Löchermachen, Furchenhacken 2c.) im Accord, unbeschadet der Güte der Ausführung, ausgeführt werden; für die Verlohnung derartiger Arbeiten kann, nach entsprechender Abänderung der Überschriften, dasselbe Formular wie für die Tagelohnzettel verwendet werden.

Schutzbezirk: *Melchow.*

Beleg Nr. *1.*
Pos. *1* des Kulturplans

Lohnzettel.

Im Jagen *7a* haben die nachstehend verzeichneten Personen in der Zeit vom *5ten April*
bis *7ten April* unter meiner Aufsicht gearbeitet und gut ausgeführt:

Abplaggen von Streifen und Plätzen und Bepflanzen derselben mit rd. 70 Hdt. zweijährigen
verschulten Kiefern.

Grösse der kultivierten Fläche: 0,40 ha.

Form. Nr. *17.* *)

Laufende Nr.	Der Arbeiter		Zahl der Arbeitstage	Lohnbetrag				Invaliditäts- und Altersversich.-Beiträge						Unter Anrechnung der Beiträge sind bar auszuzahlen
				pro Tag		im ganzen		für Wochen	pro Woche	im ganzen		davon bezahlt			
												der Arbeiter		die Forstverwaltung	
	Name	Wohnort		Mk.	Pf.	Mk.	Pf.	Stck.	Pf.	Mk.	Pf.	Mk.	Pf.	Mk.	Pf.	Mk.	Pf.
1	Voigt, August	Melchow	3	1	50	4	50	1	20		20	10		10		1	10
2	Müller, Wilhelm	„	3	1	50	4	50	1	20		20	10		10		1	10
3	Ruschke, Ernst	„	3	1	50	4	50	1	20		20	10		10		1	10
4	Schulz, Friedrich	„	2	1	50	3	00									3	00
5	Grunske, Joh.	„	3	1	50	4	50	1	20		20	10		10		1	10
6	Voigt, Auguste	„	3	1	00	3	00	1	14		14	7		7		2	93
7	Wernecke, Marie	„	3	1	00	3	00	1	14		14	7		7		2	93
8	Hoffmann, Anna	„	3	1	00	3	00	1	14		14	7		7		2	93
	Summa	23			30	00			7		122	61		61		29	39

Die Zahlung auf gegenwärtigen Lohnzettel wird hiermit festgesetzt:

1. An die Arbeiter bar auszuzahlen . . . . 29 Mk. 39 Pf.
2. In Anrechnung zu bringende Beiträge zur Invaliditäts- und
   Altersversicherung . . . . 61 „

         Summa Lohnbetrag der Arbeiter 30 Mk. — Pf.

3. Beiträge der Forstverwaltung zur Invaliditäts- und Altersversicherung . . . . 61 „

         Summa 30 Mk. 61 Pf.

Melchow, den *10ten April 1891.*

Der Förster.
N. N.

Quittung.

Die vorstehend angewiesenen *30 Mk. 00 Pf.,* buchstäblich:

Dreissig Mark,

sind mir richtig ausgezahlt, und zwar bar mit . . . . 29 Mk. 39 Pf.
und durch Anrechnung der Beiträge zur Invaliditäts- und Altersversicherung mit   61
worüber ich hierdurch für mich und meine Genossen quittiere.

Melchow, den *10ten April 1891.*

Voigt.

*) Das hier nicht abgedruckte Form. Nr. 18 ist zu benutzen, wenn die Krankenversicherung eingeführt ist.

Böhm, Anleitung zur Buch- und Rechnungsführung.   7

Jeder Lohnzettel wird vor Abgang an die Kasse in die Kulturrechnung einge=
tragen, und zwar genau gegenüber der Stelle, wo die betreffende Arbeit im Plane
veranschlagt ist. Mit der Erhebung des Lohnes wird ein zuverlässiger Arbeiter beauftragt,
der über den richtigen Empfang des gesamten Lohnes im Namen seiner Genossen
quittiert. Die richtige Verteilung des Lohnes hat der Forstbeamte zu überwachen.

Kap. 20. Die Kulturrechnung.

Durch das Eintragen der Lohnzettel in die rechte Seite des Kulturplanes
wird schließlich die Kulturrechnung am Jahresschluß soweit fertig, daß sie nur noch
abgeschlossen zu werden braucht. Zu beachten ist hierbei, daß beim Kap. 4:
Beschaffung von Samen und Pflanzen, ein kurzer Verwendungsnachweis, wie er in
dem Beispiel des Formulars dargestellt ist, gemacht wird. Etwa verbliebene Vor=
räte müssen in das neu anzulegende Buch übertragen werden. Die einzelnen Kapitel
werden zunächst für sich abgeschlossen, und es wird dann eine Rekapitulation
angefertigt, um die Schlußsumme der bar verausgabten Gelder festzustellen. Zu
dieser Summe tritt dann noch der Betrag der Rechnung über die Hand= und
Spanndienste, die die Landwirtschaft geleistet hat, sowie der Betrag der Erhebeliste
über das verwendete Holz. Es ist schon darauf hingewiesen worden, daß die Hölzer, die etwa im
Tagelohn geworben sind, ordnungsmäßig verlohnt und in das Holzeinnahmebuch
eingetragen werden müssen. Die Löhne hierfür sind als Schlägerlöhne und nicht
als Kulturlöhne anzuweisen, wenn solche Hölzer aus dem Kulturfonds mit dem
vollen Taxwert (also einschließlich der Werbungskosten) bezahlt werden. Findet jedoch
die Werbung auf Kosten des Kulturfonds statt, so ist der Taxwert der Hölzer um
die Werbungskosten zu ermäßigen. Der Abschluß der Kulturrechnung muß genau übereinstimmen mit der Schluß=
summe des Tit. 4 der Kassenbücher.

Kap. 21. Das Solleinnahmebuch.

Bei gesonderter Kassenverwaltung hat der Forstbeamte durch das Solleinnahme=
buch eine Nachweisung über die sämtlichen Einnahmebeträge zu führen. Das Soll=
einnahmebuch hat insbesondere den Zweck, jederzeit eine Kontrolle zu bieten, ob
die Einnahmebeträge auch wirklich sämtlich von dem Kassenbeamten richtig gebucht
und vereinnahmt sind, bezw. erkennen zu lassen, welche Einnahmebeträge noch
rückständig, d. h. noch nicht eingegangen sind. Die Einnahme, die eingehen soll,

nennt man Solleinnahme, diejenige, welche vereinnahmt ist, nennt man Isteinnahme, die Differenz bilden die Einnahmereste. Der Forstbeamte bucht jeden Einnahmeposten nach dem Tage der Anweisung. Zu beachten ist jedoch, daß die Einnahmen auf Grund kontraktlicher Verpflichtung nicht vergessen werden. Diese sind ohne weiteres am Fälligkeitstage zu buchen. eine besondere Einnahme-Anweisung

Revier: ...   **Solleinnahmebuch.**   ...

Forw. Nr. 19a.

Laufende Nr.	Datum der Erhebungs-urkunde	Etat-position	Gegenstand der Einnahme	Tag der über-weisung an die Forstkasse	Betrag der Zu-einnahme Zu 1. Für Holz	Zu 2.	Zu 3. Aus der Jagd	Zu 4.	Zu 5.	Zu 6.	Zu 7. Aus ge-mein	Summa	Be-triebs-ver-schuß
1	Juli 3		Wagner: Wiesenpacht	Juli 3	25000							25000	
2	.. 5		Hoffmann: 2 Fuhren Lehm	5		200						200	
3	.. 8		Schneider: 1 Rehbock	9			1500					1500	
71	Jan. 11		Licitationsliste pro 11 L.	Jan. 15	33100							33100	
75	31		Freihändige Verkaufsliste für Holz	31	19500							19500	
276	Juni 30		Kontoherrschaft: für Brennholz	Juni 30	60700							60700	
277	Juni 30		Dienerschaft: desgl.	30	6000							6000	
			Summa der Einnahme		...	200	1500					...	1500

wird für sie nicht aufgestellt. Wenn sämtliche Beträge bei der Kasse eingegangen sind, müssen die Kassenbücher in ihren einzelnen Titeln mit denselben Summen abschließen wie das Solleinnahmebuch des Forstbeamten.

Eine ähnliche Nachweisung durch den Forstbeamten für die Ausgabebeträge führen zu lassen, ist nicht erforderlich. Diejenigen, welche Forderungen an die Kasse haben, werden die Abhebung schon bewirken, oder wenn ihnen die Auszahlung verweigert werden sollte, Beschwerde führen.

IV. Kassenrechnungswesen im speziellen.

Kap. 22. Das Geldausgabe-Journal.

Die sämtlichen Ausgaben müssen mit ordnungsmäßigen Quittungen belegt sein. Es ist dem Kassenbeamten zur besonderen Pflicht zu machen, jede Ausgabe-Anweisung daraus zu prüfen, ob die erforderlichen Unterschriften vorhanden und der auszuzahlende Betrag, soweit er rechnerisch hergeleitet, richtig berechnet ist. Anweisungen mit Korrekturen oder Rasuren in den Schlußsummen sind zurückzuweisen. Liegen sonstwie keine Bedenken gegen die Aushändigung des Betrages vor, so erfolgt die Auszahlung und sofortige Buchung in das Geldausgabe-Journal.

Die einzelnen Ausgaben sind in dem Journal fortlaufend für das ganze Wirtschaftsjahr zu numerieren, auf jedem Ausgabebelag ist die Nummer des Journals zu vermerken.

Revier: *Melchow*.
Form. Nr. 20a.

Geldausgabe-

Laufende Nr.	Datum der Ausgabe		Konto des betr. Blattes Nr.	Der Empfänger		Gegenstand der Ausgabe	Über-bucht im Ma- nual	
	Monat	Tg.	Nr.	Name	Wohnort		Lit.	Nr.
1	*Juli*	*1.*	.	*Förster N.*	*Melchow*	*Gehalt pro III. Quartal 1891*	*V*	*1*
2		*2.*	.	*Gemeindevorstand*		*Pacht für die Gemeindejagd pro III. Quartal 1891*	*III*	*1*
3		*2.*	.	*desgl.*		*Pauschalsumme für Wildschaden*	*III*	*2*
101	*November*	*16.*	*1*	*Hammeister Müller u. Gen.*	*„*	*desgl. 1. Abschlagslohnzettel für Pos. 1*	*I*	*1*
125	*Dezember*	*1.*		*desgl.*	*„*	*II. desgl.*	*I*	*1*
146	*„*	*22.*	*1*	*desgl.*	*„*	*Schlusslohnzettel desgl.*	*I*	*1*
151	*Januar*	*10.*	.	*Steueramt*	*Eberswalde*	*Für Stempel zu den Pacht-verträgen*	*VIII*	*1*
155	*„*	*29.*	.	*Hauptkasse*		*Abgelieferte Überschüsse*	.	.
170	*April*	*10.*	*1*	*Vorarbeiter Voigt u. Gen.*	*Melchow*	*Kulturlohnzettel für Pos. 1*	*IV*	*1*
350	*Juni*	*30.*	.	*Wirtschaftskasse*	*„*	*Für Naturaldeputate an den Forstbeamten*	*V*	*2*
351		*30.*	.	*Forstkasse*		*Wert des Deputatholzes für den Forstbeamten*	*V*	*3*
352		*30.*	.	*desgl.*		*Wert des zu Kulturzwecken ver-wandten Holzes*	*IV*	
353		*30.*	.	*Wirtschaftskasse*		*Für Hand- und Spanndienste zu Kulturzwecken*	*IV*	
				u. s. w.		*Summa*		

Das Journal ist so eingerichtet, daß für jeden einzelnen Ausgabetitel eine Längsspalte vorhanden ist, in welche der Ausgabebetrag zunächst eingetragen wird, sodann wird derselbe nochmals unter Spalte „Summe" gebucht. Auf diese Weise ergiebt sich beim Abschluß die Gesamtsumme und gleichzeitig die Summe für jeden einzelnen Titel.

Bei den Lohnzetteln, durch welche zugleich Arbeiterversicherungsbeiträge zur Ausgabe kommen, werden zwei Beträge verschiedener Titel auf eine horizontale Reihe gebucht, und zwar der im Eingang des Lohnzettels berechnete, wirklich verdiente Arbeitslohn unter Holzwerbungskosten bezw. Kulturlöhne u. s. w. und die Beiträge zur Arbeiterversicherung, soweit dieselben von der Forstverwaltung gezahlt werden müssen, unter Titel 7: Arbeiterversicherung; die Beträge beider zusammen erscheinen dann unter Summe der Ausgabe. Die Anteilbeiträge der Arbeiter werden hier nicht besonders gebucht, weil sie in dem wirklich verdienten Arbeitslohn enthalten sind. Zur Kontrolle der verwendeten Marken und für die Abrechnung mit den Krankenkassen werden sie jedoch in das Markenkontobuch bezw. in das Krankenkassen= register eingetragen (vergl. Kap. 26/27).

Die wirklichen, reinen Betriebsausgaben kommen durch die Buchung unter die verschiedenen Titel zur Darstellung. Befinden sich in der Kasse größere Überschüsse,

Journal.

Wirtschaftsjahr: 1896/97.

						Die Ausgabe gehört zum							
Tit. 1.	Tit. 2.	Tit. 3.	Tit. 4.	Tit. 5.	Tit. 6.	Tit. 7. Arbeiterversicherung			Tit. 8.	Summe der gemein Ausgabe	Ablieferungen rc.	Tagessumme	
Für Holzwerbung	Für Gewinnung von Forst= neben= nutzung	Für Jagd	Für Kul= turen	Für Besol= dungen, Pen= sionen rc.	Zur Staats= und Kom= munal= steuern	a Anval= und Alters= versiche= rung	b Kran= ken= versiche= rung	c Unfall= versiche= rung	Aus= gemein				
		300 00		.					300 00			300 00	
	100 00								100 00			100 00	
	50 00								50 00			150 00	
180 00				2 00					182 00			632 00	
200 00				2 00					202 00			834 00	
316 20				3 00					319 20			. . .	
					50				50	10000 00			
		30 00		61					30 61				
		110 00							110 00				
		113 00							113 00				
		35 00							35 00				
		60 00							60 00				
4528 42	.	1091 00	1527 80	1183 00	520 00	57 50	.	.	120 00	180 00	9207 72	3385 22	12592 94

so werden diese in der Regel an den Besitzer oder an eine höhere Kasse abgeführt. Die Abführung dieser Überschüsse ist rechnerisch als Ausgabe zu buchen, doch ist es zweckmäßig, diese Ausgaben gesondert von den Betriebsausgaben nachzuweisen. Hierfür ist im Journal eine Spalte hinter der titelmäßigen Ausgabe-Summe einzurichten. Ergiebt sich am Jahresschluß rechnerisch ein Kassenbestand, so ist dieser vor Abschluß der Bücher abzuliefern und in Ausgabe="Ablieferungen" nachzuweisen, damit durch eine Gegenüberstellung der „Ablieferungen" und der „Vorschüsse" sich der Gesamtüberschuß sofort in Übereinstimmung mit dem Betrage ergiebt, der durch die Balance der reinen Betriebseinnahmen und Betriebsausgaben festgestellt wird.

Kap. 23. Das Geldausgabe-Manual.

In das Geldausgabe=Manual werden die einzelnen Ausgabebeträge nicht hintereinander nach dem Tage der erfolgten Auszahlung gebucht, sondern unter die verschiedenen Ausgabe=Titel. Zu dem Zweck muß das Manual vor Beginn des Wirtschaftsjahres eingerichtet werden. Es werden die Überschriften für die einzelnen Titel und Untertitel in solchen Abständen eingetragen, daß die in einem Jahre vorkommenden Buchungen darunter Platz finden.

Der Hauptzweck des Manuals besteht darin, die wirklich erfolgte Ausgabe, die Istausgabe, der rechnungsmäßig zu leistenden Ausgabe, der Sollausgabe, gegenüberzustellen. Wenn beispielsweise ein Betrag zu zahlen ist, die wirkliche Auszahlung jedoch aus irgend einem Grunde nicht erfolgt ist, so bildet diese unterbliebene Ausgabe am Schluß des Wirtschaftsjahres einen Ausgaberest. Die Istausgabe ist dann um den Betrag der Ausgabereste kleiner als die Sollausgabe. Hinter dem Abschluß des Manuals werden die Ausgabereste einzeln aufgeführt und später in das neu anzulegende Manual übertragen. Der Abschluß geschieht zunächst für die einzelnen Titel, durch eine Rekapitulation wird sodann die Gesamtausgabe festgestellt.

Bezüglich einzelner Ausgaben wird noch hervorgehoben:

Abschlagslohnzettel, seien es Holzwerbungs= oder Kulturlohnzettel, werden gleichfalls in das Manual gebucht; es ist jedoch hinter dem ersten zur Anweisung kommenden Abschlagslohnzettel jeder Position soviel Raum zu lassen, daß die weiteren Abschlagslohnzettel und der zugehörige Schlußlohnzettel unmittelbar dahinter eingetragen werden können. Die Beiträge der Forstverwaltung zur Arbeiterversicherung kommen sämtlich unter Titel 7 zur Buchung, gleichviel, ob sie für Holzwerbung, für Kulturen u. s. w. verausgabt sind.

Feststehende Ratenzahlungen innerhalb des Wirtschaftsjahres, seien es Pacht=, Besoldungs= oder sonstige Beträge, sind für jeden einzelnen Gegenstand in unmittelbarer Folge aufzuführen, damit durch Aufsummieren derselben die Jahressumme festgestellt werden kann. Bei Einrichtung des Manuals sind die Überschriften für alle derartigen Beträge mit dem Jahressollbetrage und mit kurzer Angabe der Zahlungstermine bei dem betreffenden Titel aufzunehmen.

Sofern keine Ausgabereste verblieben sind, muß der Abschluß des Manuals, sowohl in der Gesamtsumme, als auch in den Summen der einzelnen Titel, mit dem Journal übereinstimmen.

Revier: *Melchow.*
Form. Nr. 21 a.

Geldausgabe-Manual.

Wirtschaftsjahr 18../..

Laufende Nr.	Sollausgabe Betrag Mk. Pf.	Etatspositionen Nr.	Name des Empfängers bezw. Gegenstand der Ausgabe	Ausgabe ausgezahlt Monat Tag	Nr. des Rechenmanuals	Betrag im einzelnen Mk. Pf.	im ganzen Mk. Pf.	Reste gegen das rechnungsmäßige Soll Mk. Pf.
1			**Tit. I: Holzwerbungskosten.** Pos. 1 des Hauungsplanes					
			I. Abschlagslohnzettel an Haumeister Müller	November 16.	101	180 00		
			II. Abschlagslohnzettel an Haumeister Müller	Dezember 1.	125	200 00		
	696 20		Schlusslohnzettel an Haumeister Müller	22.	116	316 20		
							696 20	
	1528 12		Sa. Tit. I: Holzwerbungskosten				1528 12	
1			**Tit. V: Besoldungen pp.** Förster X. 1200 Mk. Gehalt, Deputat an Holz und Naturalien. Förster X. Gehalt pro III. Quart. 93	Juli 1.	1	300 00		
	1200 00		ders. „ „ IV. 93	Oktober 1.	79	300 00		
			ders. „ I. 94	Januar 2.	150	300 00		
			ders. „ II. 94	April 1.	160	300 00		
2	1200 00 110 00		Wirtschaftskasse für Naturaldeputate	Juni 30.	350	110 00	1200 00 110 00	
3	143 00		Forstkasse Tit. I. Kap. II. i.	„ 30.	351	143 00	143 00	
	1183 00		Sa. Tit. V: Besoldungen				1183 00	

Kap. 24. Das Geldeinnahme-Journal.

Das Geldeinnahme-Journal wird in derselben Weise wie das Geldausgabe-Journal geführt. Jede Einnahme wird an dem Tage der Einzahlung eingetragen. Die einzelnen Einnahmeposten sind für das ganze Wirtschaftsjahr durchgehends zu numerieren, auf jedem Einnahmebeleg ist die Nummer des Journals zu vermerken.

Auch in diesem Journal sind für die einzelnen Einnahme-Titel besondere Spalten vorhanden, so daß beim Abschluß nicht nur die Gesamtsumme, sondern auch die einzelnen Titelsummen sich ergeben.

Revier: Melchow.

Form Nr. 22a.

Geldeinnahme-

Laufende Nr.	Datum der Einnahme			Quittungsnr.	Der Zahlenden		Gegenstand der Einnahme	Gebucht im Manual	
	Monat	Tag	Nr.		Name	Wohnort		Tit.	Nr.
1	Juli	3.			Wagner, Amtmann	Melchow	Wiesenpacht lt. Protokoll . . .	II	1.
2	,,	3.			Hofmann	Biesenthal	für 2 Fuhren Lehm . .	II	2.
3	,,	8.			Schneider, Wildhändler	Berlin	für 1 Rehbock	III	1.
184	Januar	9.			Conrad	Melchow	für freihändig gekauftes Holz, Zettel No. 115 . . .	I	I B 7.
185		10.			Gerichtskasse	Bernau	Straf- und Ersatzgelder . . .	VII	1.
186		10.			Walter	Melchow	für freihändig gekauftes Holz, Zettel No. 116 118 .	I	I B. 7.
187		10.			Schneider, Wildhändler	Berlin	für 200 Stück Hasen .	III	2.
188		11.			Müller	Hegermühle	für freihändig gekauftes Holz, Zettel No. 122 23 .	I	I B. 7.
191		11.			Holztermin am Eilen		Holzverkaufsgelder	I	I A. 15.
199		15.			Schmidt	Biesenthal	Rest vom Holztermin am Eilen, Zettel No. 350 .	I	I A. 15.
345	Juni	30.			Jahreskonto der Herrschaft		für Brennholz . . .	I	II 1.
346	,,	30.			desgl. der Dienerschaft		desgl.	I	II 2.
347		30.			desgl. der Ökonomie		für Arbeiter-Deputatholz und Bauholz .	I	II 3.
348		30.			desgl. des Forstbeamten		für Deputatholz .	I	II 4.
349		30.			desgl. zu Kulturzwecken		für Holz .	I	II 5.
350		30.			desgl. der Ökonomie		für Streu .	II	20.
351		30.			desgl. der Herrschaft		für Wild .	III	60.
352		30.			Hauptkasse		Vorschuss .		
							Summa		

Außer den Spalten für die reinen Betriebseinnahmen ist auch noch eine besondere Spalte für die „Vorschüsse" eingerichtet. Vorschüsse von der Hauptkasse oder von dem Besitzer werden dann erforderlich, wenn der Kassenbestand für die in nächster Zeit erforderlichen Ausgaben nicht ausreicht. Sie bilden gewissermaßen eine teilweise Rückzahlung der abgelieferten Beträge.

Am Jahresschluß wird die Schlußsumme gegen die Summe des Ausgabe-Journals balanciert und der Überschuß festgestellt. Derselbe muß sich in gleicher Höhe auch aus der Gegenüberstellung der Ablieferungen gegen die Vorschüsse

Journal.

Wirthschaftsjahr 18../..

		Die Einnahme gehört zum						
Tit. 1.	Tit. 2.	Tit. 3.	Tit. 4.	Tit. 5.	Tit. 6.	Tit. 7.		
Für Holz	Zur Forst-neben-nutzungen	Aus der Jagd			Ins-gemein	Summe der Einnahme	Betriebs-vorschüsse	Tages-summe
Mk. Pf.	Mk. Pf.	Mk. Pf.	Mk. Pf.	Mk. Pf.	Mk. Pf.	Mk. Pf.	Mk. Pf.	Mk. Pf.
	350 00					350 00		350 00
	2 00					2 00		352 00
		18 00				18 00		370 00
5 00						5 00		375 00
					5 00	5 00		380 00
127 50						127 50		507 50
		500 00				500 00		1007 50
25 00						25 00		1032 50
319 00						319 00		1351 50
15 00						15 00		1366 50
607 00						607 00		...
60 00						60 00		
350 00						350 00		
143 00						143 00		
35 00						35 00		
		90 00				90 00		
		150 00				150 00		
							1500 00	
3844 94	520 00	1850 00			80 00	10892 94	1500 00	12392 94

Die Ausgabe beträgt . . . 9207 72
Mithin Überschuss . . . 3685 22

Die Ablieferungen an die Hauptkasse betragen . . 3385 22
Die Vorschüsse von derselben 1500 00
Giebt Ablieferungen mehr wie abgel... . 3685 22

ergeben. Die Tagessumme muß in Einnahme und Ausgabe balancieren, da unmittelbar vor Abschluß der Bücher der vorhandene Kassenbestand zur Ablieferung gebracht ist.

Kap. 25. Das Geldeinnahme-Manual.

Die Führung des Geldeinnahme-Manuals geschieht in derselben Weise wie die des Geldausgabe-Manuals.

Die Einteilung der einzelnen Titel schließt sich genau der Einteilung in den Büchern des Forstbeamten an, damit die Beträge auch bezüglich der Teilsummen mit den Beträgen, wie sie die Naturalbücher nachweisen, übereinstimmen.

Revier: Melchow.

Form. Nr. 23a.

Geldeinnahme-Manual.

Wirtschaftsjahr: 1893/94.

Laufende Nr.	Solleinnahme Betrag Mk. Pf.	Nr. der Vollmachtspost od. Bewer einnahme	Name des Käufers bezw. Gegenstand der Einnahme	Isteinnahme Eingegangen Monat Tag	Nr. des Kassenjournals	Betrag im einzelnen Mk. Pf.	Betrag im ganzen Mk. Pf.	Reste gegen das rechnungsmäßige Soll Mk. Pf.
			Tit. I. Für Holz.					
			Kap. 1. Verkauft an Fremde.					
			A. Öffentlich meistbietend:					
15	334 00	71	Licitation am 14. Januar					
			Loos No. 1 60, 62 –400	Januar	14 194	319 00		
			Loos No. 61	„	15 199	15 00		
			„ s. w.				334 00	
	26000 00		Summa Tit. I. Kap. I. A.				26000 00	
			B. Freihändig:					
7	195 50	75	Erhebeliste No. 7: 1. 31. Januar					
			Conrad. Melchow. Zettel No. 115	Januar	9. 184	5 00		
			Walter. „					
			Zettel No. 116–118		10. 186	127 50		
			Müller. Heegermühle.					
			Zettel No. 122–123		11 188	25 00		
			Dresow, Heegermühle. Zett. No 120		11. 189	6 00		
			Klein. „ „ „ 124		12. 190	13 50		
			Voigt. Klobbicke. „ „ 119		15. 193	10 50		
			Schwarz. Steinfurth. „ „ 124		20 201	7 50		
							195 50	
8			Erhebeliste No. 8: 1.–28. Februar					
			Blume. Schönholz. Zettel No 125	Februar	16. 194	80 00		
			Hanne. „ „ „ 126	„	19 195	25 50		
			(noch nicht abgeschlossen)					
			s. s. w.					
	1124791		Summa Tit. I. Kap. I. B.				1124791	

Jede Einnahme wird sofort in das Journal und in das Manual eingetragen. Bei Holzverkäufen kann es häufig vorkommen, daß die Schlußsumme des Protokolls nicht in ihrem ganzen Betrage eingeht, beispielsweise weil einem Käufer das Kaufgeld gestundet ist. In solchen Fällen wird der „eingegangene" Betrag gebucht; in dem Manual muß jedoch hinter dieser Eintragung noch Raum für den Restbetrag

bleiben, erst wenn die Ziteinnahme den Sollbetrag — die Schlußsumme des Protokolls — erreicht hat, findet der Schluß dieses Einnahmepostens statt. Ein ähnliches
Verfahren tritt bei freihändigen Holzverkäufen ein, wenn die Erhebeliste nur zu
bestimmten Terminen der Kasse eingereicht wird. Der Kassenbeamte vereinnahmt
bis zu diesem Termin die Kaufgelder auf Grund der ausgestellten Verabfolgezettel,
bucht sie in das Journal und Manual; in letzterem wird dieser Posten erst abgeschlossen, wenn die Erhebeliste eingegangen ist und die aufgeführten Beträge
sämtlich vereinnahmt sind. Sind Beträge am Jahresabschluß noch rückständig, so
werden sie als Reste in der hierfür vorhandenen Kolonne aufgeführt.

Der Abschluß des Manuals erfolgt zunächst titelweise; durch die Rekapitulation
wird die Gesamtsumme der Zit- und Solleinnahme ermittelt. Sind keine Reste
vorhanden, so müssen beide gleich groß sein und übereinstimmen mit den Summen
des Journals und bezüglich der einzelnen Titelsummen mit den Büchern des Forstbeamten. Etwaige Reste sind am Schlusse aufzuführen und in das neu anzulegende
Einnahme-Manual zu übertragen. Außerdem wird am Schlusse eine Balance gegen
die Ausgabe in ähnlicher Weise wie am Schlusse des Einnahme-Journals angefertigt.

Kap. 26. Das Invaliditäts- und Altersversicherungs-Markenkonto.

Die Beiträge zur Invaliditäts- und Altersversicherung werden auf jedem Lohnzettel berechnet. Der Anteil der Forstverwaltung wird als Ausgabe unter Tit. 7a
gebucht, der Anteil der Arbeiter ist in dem verdienten Lohn enthalten, braucht also
nicht noch besonders in den Kassenbüchern in Ausgabe gestellt zu werden. Beide
Beiträge muß der Kassenbeamte zum Ankauf von Marken verwenden, sie erscheinen
in dem Markenkonto unter Geldeinnahme. Die nach den Lohnzetteln verwandten
Marken bilden die Markenausgabe.

Da die Marken bestimmten Geldwert haben, so kann der Kassenbeamte, sobald
es nötig ist, den Ankauf der Marken bewirken; der hierfür ausgegebene Geldbetrag
wird nur in dem Markenkonto als Geldausgabe nachgewiesen, die getauften Marken
bilden die Markeneinnahme. Der Kassenbestand wird nicht geändert, sobald man die
Marken als Geld betrachtet. Bei einer Kassenrevision ist jedoch zu beachten, daß
dem vorhandenen Barbestand der Wert der Marken hinzugefügt wird, um den wirklichen Kassenbestand zu ermitteln.

Das Markenkonto ist so eingerichtet, daß auf der linken Seite die Markeneinnahme und die Geldausgabe, auf der rechten Seite die Markenausgabe
und die Geldeinnahme nachgewiesen wird. Jeder Lohnzettel wird bezüglich der
Beiträge in das Konto gebucht, der Abschluß muß genau die im Titel 7a der Ausgabe nachgewiesene, von der Forstverwaltung zu tragende Summe ergeben.

5*

Reuer: M.J.h??
Form. Nr. 24 a

Invaliditäts- und Alters-

Laufende Nr	Datum		Markeneinnahme und Geldausgabe	Markeneinnahme Stückzahl				Geld= aus= gabe
	Monat	Tag		zu 14 Pf.	zu 5 Pf.	zu 21 Pf.	zu 23 Pf.	Mk. Pf.
1	August	15.	Angekaufte Beitragsmarken	10	5	25	30	17 40
2	Oktober	20	desgl.	10	5		1	3 60
			u. s. w.					
			Summa Markeneinnahme und Geldausgabe	171	250	101	55	115 00
			Summa Markenausgabe und Geldeinnahme	171	250	101	55	115 00

Kap. 27. Die Krankenversicherung.

Eine allgemeine gesetzliche Pflicht der Krankenversicherung für die land= und forstwirtschaftlichen Arbeiter besteht nicht, die Ausdehnung der Versicherung auf diese Arbeiterklassen ist vielmehr der landesgesetzlichen oder statutarischen Regelung über= lassen. So finden wir denn, daß die meisten land= und forstwirtschaftlichen Arbeiter zur Zeit noch nicht gegen Krankheit versichert sind. Nur hier und da haben die Kommunen oder auch größere Kommunalverbände (Kreise) statutarisch die Ver= sicherungspflicht auf die land= und forstwirtschaftlichen Arbeiter ausgedehnt. Die Mindestleistungen dieser Kassen sind gesetzlich vorgeschrieben, weitere Leistungen können durch Statut festgesetzt werden. Die Höhe der zu leistenden Beiträge wird

Krankenkassenregister

Geführt für die Zeit vom ten 1
Arbeitgeber

Form. Nr. 25 a.

Laufende Nr.	Der Versicherten			Alter bezw. Geburts= tag	Eingetreten in die Beschäftigung			Ausgetreten aus der Beschäftigung		
	Familienname	Vorname	Wohnort		Tag	Monat	Jahr	Tag	Monat	Jahr

Verſicherungs-Markenkonto.

Laufende Nr.	Datum		Markenausgabe und Geldeinnahme	Markenausgabe Es sind verwandt an Marken Stückzahl				Geld- betrag dafür	Beitragshälfte der Arbeiter	Beitragshälfte der Forſt- verwaltung
	Monat	Tag		Mk. Pf.	Mk. Pf.	Mk. Pf.	Mk. Pf.	Mk. Pf.	Mk. Pf.	Mk. Pf.
1	November	16.	I. Abschlagslohnzettel Pos. 1 des Hauungspl.				20	1 00	2 00	2 00
2	Dezember	1.	II. Abschlagslohnzettel desgl.				20	1 00	2 00	2 00
3	„	22.	Schlusslohnzettel desgl.				30	6 00	3 00	3 00
4	April	10.	Kulturlohnzettel Pos. 1 der Kulturr.			3 4	1 22	61	61	
				171	250	104 55	115 00	57 50	57 50	

gleichfalls durch Statut feſtgeſetzt, der Arbeiter bezahlt außer einem etwaigen Ein-
trittsgeld ²/₃, der Arbeitgeber ¹/₃ des Beitrages. Die Arbeitgeber haben jeden
Arbeiter ſpäteſtens am dritten Tage nach Beginn der Beſchäftigung anzumelden und
auch in derſelben Friſt nach Beendigung der Arbeit abzumelden. Die Abführung
der Beiträge an die Krankenkaſſe hat der Arbeitgeber zu bewirken, der den
Arbeiteranteil von dem Lohne in Abzug bringen kann.

Zu erſter Linie iſt dafür Sorge zu tragen, daß die Anmeldung der Arbeiter
rechtzeitig bei der Krankenkaſſe geſchieht. Mit Rückſicht darauf, daß die Friſt hierzu
eine verhältnismäßig kurze iſt, wird die Anmeldung, und ebenſo auch ſpäter die
Abmeldung, am beſten direkt durch den Forſtbeamten bewirkt, der die Forſtkaſſe bei
der nächſten Verlohnung hiervon in Kenntnis ſetzt.

Auf jedem Lohnzettel werden die Verſicherungsbeiträge für die einzelnen
Arbeiter durch den Forſtbeamten berechnet. Der Kaſſenbeamte bucht die Summen

für
bis   ten   I

Im Jahre I   ſind an Beiträgen eingezahlt:

Sa. pro leſ. Quartal	Im ganzen							
Mk. Pf.	Mk. Pf.	Mk. Pf.	Mk. Pf.	Mk. Pf.	Mk. Pf.	Mk. Pf.	Mk. Pf.	Mk. Pf.

Die hiernach eingekommenen Beiträge von   Mk.   Pf. (buchstäblich)

werden hiermit abgeliefert, und zwar

a) bar mit . . . .   Mk.   Pf.

b) in Quittungen über Auftragszahlungen mit .   „   „

                     Summa   Mk.   Pf.

    , den   ten   1

       Der

des Anteils, den die Forstverwaltung zu leisten hat, in seine Kassenbücher unter Tit. 7b der Ausgabe.

Als Unterlagen für die Abrechnung mit den Krankenkassen führt der Kassen= beamte das Krankenkassenregister und das Krankenkassenkonto.

1. Das Krankenkassenregister. Es bildet erstens ein Verzeichnis der sämtlichen versicherten Arbeiter, und zweitens eine Nachweisung der für jeden Arbeiter an die Krankenkasse abzuführenden Beiträge; ferner gewährt es eine Kontrolle darüber, daß auch jeder beschäftigte Arbeiter thatsächlich versichert ist.

Die erforderlichen Eintragungen sind sofort nach Auszahlung jedes Lohnzettels zu bewirken.

Im vorstehenden Formular sind für die Nachweisung der Beiträge Monats= spalten eingerichtet; die Namen der Arbeiter sind daher bei mehrmaligen Beitrags= leistungen innerhalb eines Monats in solchen Abständen einzutragen, daß die Ein= tragungen Platz finden.

2. Das Krankenkassenkonto. Durch dieses Buch wird der Nachweis über die Einnahme und die Ausgabe der Versicherungsbeiträge geführt. Unter Einnahme werden die Versicherungsbeiträge jedes Lohnzettels summarisch eingetragen, unter Ausgabe die an die Krankenkasse abgeführten Summen und die eventuell für Rechnung derselben geleisteten Zahlungen.

Jahr:					Krankenkassenkonto				Arbeitgeber:	

für

		Geldeinnahme.						Geldausgabe.		

Form. Nr. 31a.

Laufende Nr.	Beleg für die Einnahme	Beitrag im ganzen	Davon entfällt			Laufende Nr.	Abführungen an die Krankenkasse bezw. Auftrags= zahlungen für die Krankenkasse	Geld= betrag
			auf die Arbeiter		auf die Forstver= waltung			
			Beitrags= anteil	eingezahltes Geld	Beitrags= anteil			
	Monat Tag	Mk. Pf.	Mk. Pf.	Pf.	Mk. Pf.		Monat Tag	Mk. Pf.

Für die Überweisung der an die Krankenkasse abzuliefernden Beiträge wird als Beleg ein Auszug aus dem Krankenkassenregister (unter Benutzung desselben Formulars) angefertigt. Von der Summe der durch diesen Auszug nachgewiesenen Beiträge werden die mit Quittungen belegten Auftragszahlungen in Abzug gebracht; der Rest wird bar abgeliefert (vergl. Abrechnung auf Seite 62).

Es versteht sich von selbst, daß die Ablieferungsbeläge in ihren Abschlüssen übereinstimmen müssen mit dem Krankenkassenkonto, und ebenso, daß beim Jahres= abschluß das Krankenkassenkonto mit dem Betrage des Forstverwaltungsanteils, wie er unter Tit. 7b der Ausgabe in den Forstkassenbüchern nachgewiesen ist, übereins stimmen muß.

Kap. 28. Die Unfallversicherung.

Maßgebend für die land= und forstwirtschaftlichen Arbeiter ist das Gesetz vom 5. Mai 1886. Die Arbeiter sind sämtlich zwangsversichert. Eine Anmeldung ist nicht erforderlich, Beiträge haben die Arbeiter nicht zu leisten. Die Versicherung erfolgt durch die Berufsgenossenschaften; es sind dies vom Staate beaufsichtigte Ver= sicherungsanstalten auf Gegenseitigkeit, die aus allen Betrieben eines Berufszweiges innerhalb eines gewissen Gebietes gebildet werden. Dem verletzten Arbeiter wird je nach dem Grade der Schmälerung seiner Erwerbsfähigkeit eine Rente ausgezahlt. Die Kosten, die der Berufsgenossenschaft erwachsen, werden auf die einzelnen Betriebe umgelegt und summarisch eingezogen. Der Kassenbeamte hat also auf Grund der ihm zugehenden Anweisung die Beträge an die Berufsgenossenschaft abzuführen, in seine Kassenbücher unter Titel 7c zu buchen und die Anweisungen als Beläge der beim Jahresabschluß zu legenden Rechnung beizufügen.

Die Unfallrente wird dem Verletzten jedoch erst vom Beginn der 14. Woche nach dem Unfall gewährt, während der ersten 13 Wochen, der Karenzzeit, sollen die Krankenkassen eintreten. Wo eine Krankenversicherungspflicht der land= und forst= wirtschaftlichen Arbeiter nicht eingeführt ist, hat die Gemeinde bezw. der Gutsbezirk des Beschäftigungsortes dem Verletzten Fürsorge während der ersten 13 Wochen nach den Bestimmungen des § 10 des Gesetzes vom 5. Mai 1886 zu gewähren. Außer den durch die Berufsgenossenschaften umgelegten Beiträgen können daher der Forstverwaltung Kosten durch die Fürsorge während der ersten 13 Wochen erwachsen. Diese Kosten sind von dem Kassenbeamten auf Grund ordnungsmäßiger Anweisungen und Quittungen zu verausgaben und gleichfalls unter Tit. 7c zu buchen.

Kap. 29. Verstempelung der Pacht- (Miets- und Antichrese-) Verträge.*)

Durch das neue Stempelsteuergesetz vom 31. Juli 1895 ist außer sonstigen Abänderungen des bisherigen Stempelrechts auch Bestimmung über die Art und Weise, wie Pacht- (Miets- und Antichrese-) Verträge über unbewegliche Sachen zu versteuern sind, getroffen worden.

Stempelpflichtig sind alle derartigen Verträge, sobald der jährliche Pachtzins über 300 Mk. beträgt und ein förmlicher, schriftlicher Vertrag bezw. ein durch Briefwechsel zu stande gekommener Vertrag vorliegt (cf. im übrigen die Bestimmungen des Gesetzes). In Zukunft werden nicht mehr die Vertragsurkunden selbst verstempelt, sondern die Verzeichnisse, in die die sämtlichen, im Laufe eines Kalenderjahres in Geltung gewesenen Verträge einzutragen sind. Das Verzeichnis hat die Bezeichnung des Grundstückes, den Namen des Pächters, die Dauer des Vertragsverhältnisses während des Kalenderjahres, den Zins, den erforderlichen Stempelbetrag und die Unterschrift des Verpächters zu enthalten und muß am Schlusse mit der Versicherung versehen sein, daß andere unter die Tarifstelle 48, Buchstabe a des Stempelsteuergesetzes vom 31. Juli 1895 fallende Verträge, als die eingetragenen, in das Verzeichnis nicht aufzunehmen waren.

Die Verzeichnisse sind bis zum Ablauf des Januar, der auf das Kalenderjahr folgt, für das die Versteuerung geschehen soll, bei dem zuständigen Steueramt oder einem Stempelverteiler zu versteuern.

Die Stempelbeträge werden in den Kassenbüchern unter Tit. 8: Insgemein, verausgabt.

Revier: Melchow.   **Pacht- (Miets- und Antichrese-) Verzeichnis.**   Kalenderjahr: 1893.
Form. Nr. 27a.

Laufende Nr.	Des Pächters (Mieters) Name	Wohnort	Art des Vertrages	Vertragsdauer von	bis	Betrag des nach Zwölfte d zu der laufenden Zeit lfd. der Satzung Mk. Pf.	Betrag des Stempels Mk. Pf.
1	2		3	4		5	6
1	Wagner, Amtmann u. s. w.	Melchow	Wiesenpacht	1. 7. 93	1. 10. 93	350 00	— 50
					Summa	. .	. 50

Daß andere, unter die Tarifstelle Nr. 48, Buchstabe a des Stempelsteuergesetzes vom 31. Juli 1895 fallende Verträge, als die vorstehend eingetragenen, in dieses Verzeichnis nicht aufzunehmen waren, versichere ich.

Melchow, den 10ten Januar 1894.

N. N.

*) Antichrese ist ein Vertrag zwischen Schuldner und Gläubiger, auf Grund dessen dem Gläubiger die Benutzung eines Pfandes statt der Zinsen zugestanden wird.

V. Der Jahresabschluß und die Etats- aufstellung.

Kap. 30. Legung der Rechnungen des Forstbeamten.

Nachdem der Forstbeamte die einzelnen Wirtschaftsbücher in ordnungsmäßiger Weise abgeschlossen, wird von jedem eine Reinschrift angefertigt, die als Rechnung dient. Der Forstbeamte läßt sich sodann die sämtlichen Lohnzettel und sonstigen Beläge seiner Rechnungen von dem Kassenbeamten geben und ordnet sie, für jede seiner Rechnungen gesondert nach der Reihenfolge, in der sie darin aufgeführt sind. Dieselben werden rechnungsweise numeriert, zusammengeheftet und jeder Rechnung beigegeben.

Der Forstbeamte liefert am Jahresschlusse ab:

1. Das Holzeinnahmebuch mit den Holzwerbungs-Lohnzetteln.
2. Das Holzausgabebuch mit den Versteigerungsprotokollen, Erhebelisten und Holzverabfolgezetteln.
3. Das Forstnebennutzungs-Einnahmebuch mit den Werbungs-Lohnzetteln.
4. Das Forstnebennutzungs-Ausgabebuch mit den Verkaufslisten, Erhebe- listen und Verpachtungsprotokollen.
5. Das Wildeinnahme- und -Ausgabebuch mit den zugehörigen Belägen.
6. Die Kulturrechnung mit den Kulturlohnzetteln.
7. Das Solleinnahmebuch.

Die rechnungsmäßig verbleibenden Materialbestände sind in die neu anzulegenden Wirtschaftsbücher zu übertragen und an der Hand der Nummerbücher genau an Ort und Stelle nachzuzählen.

Zu einer rechnerischen Prüfung der vom Forstbeamten geführten Wirtschafts- bücher sind die Nummerbücher unbedingt nötig, wo eine solche am Jahresschluß vor- genommen wird, müssen die Nummerbücher mit den vorgenannten Rechnungen abgeliefert werden. In diesem Falle muß der Forstbeamte zuvor die verbleibenden Bestände in ein neu anzulegendes Nummerbuch übertragen.

Kap. 31. Legung der Rechnungen des Kassenbeamten.

In den meisten Fällen wird die Forstkasse nicht die einzige Kasse des Besitzers sein, es werden außer ihr noch Kassen für diejenigen Betriebe vorhanden sein, die eine eigene Buchführung besitzen. Alle diese Kassen werden durch eine übergeordnete Kasse in ihren Einnahmen und Ausgaben zusammengestellt, um auf diese Weise das Ergebnis der sämtlichen Einnahmen und Ausgaben zu bekommen. Die selbständigen Forstkassen liefern an diese Hauptkasse die Überschüsse ab, ebenso empfangen sie von derselben Gelder als Vorschüsse, wenn der Kassenbestand für die Deckung der bevor=stehenden Ausgaben nicht ausreicht. Damit die Hauptkasse einen richtigen Abschluß ergiebt, müssen derartige Kassen vor dem Jahresschluß ihre etwa verbleibenden Bestände abliefern, so daß ihre Tagessumme in Ausgabe und Einnahme balanciert.

Der Kassenbeamte schließt die Journale und Manuale in der angegebenen Weise ab. Nachdem die Übereinstimmung beider festgestellt ist, wird von den Manualen eine Reinschrift angefertigt, die als Geldrechnung dient. Für diejenigen Titel, die in ihren Schlußsummen mit den Summen der entsprechenden Bücher des Forstbeamten übereinstimmen müssen, dienen die von dem Forstbeamten gelegten Rechnungen als Specialbeläge, es genügt daher, wenn die Beträge nur summarisch in der Reinschrift aufgeführt werden; für die übrigen muß der Kassenbeamte titel=weise die Beläge ordnen, numerieren und zusammenheften. Die abgeschlossenen Rechnungen über die Arbeiterversicherungsbeiträge sind als Beläge für den Titel 7 beizufügen.

Kap. 32. Etatsaufstellung.

Unter dem Etat versteht man den Voranschlag aller in der nächsten Zeit, der sogenannten Etatsperiode, zu erwartenden Einnahmen und Ausgaben. Handelt es sich hierbei nur den Voranschlag der Einnahmen und Ausgaben an Geld, so nennt man den Etat auch wohl Geldetat; handelt es sich um den Voranschlag der Ein=nahmen und Ausgaben an Naturalien (Holz, Forstnebennutzungen u. s. w.), so nennt man den Etat auch Naturaletat.

Für größere Betriebe ist die Aufstellung beider Arten von Etats erforderlich, für kleinere genügt die Aufstellung eines Geldetats. Die Aufstellung des Natural=etats empfiehlt sich besonders dann, wenn viele fixierte Holzabgaben (Deputate, Abgaben an Berechtigte u. s. w.) vorkommen.

Durch die Etats werden die Befugnisse der Beamten geregelt, und zwar durch den Naturaletat die Befugnisse des Forstbeamten, durch den Geldetat die Befugnisse des Kassenbeamten. Die Beamten müssen den Etat streng innehalten und sind insbesondere dafür verantwortlich, daß die feststehenden Einnahmen pünktlich eingehen und die feststehenden Ausgaben rechtzeitig geleistet werden.

Die Aufstellung der Etats ist nur bei einer geregelten und sachgemäßen Buchführung möglich, denn die Buchführung bildet die Grundlage für die Aufstellung. Die Veranschlagung der Einnahmen und Ausgaben geschieht genau in der Reihenfolge der Titel und Untertitel, nach denen die Buchführung eingeteilt ist. Man unterscheidet feststehende Einnahmen und Ausgaben, wie mehrjährige Pachterträge bezw. Gehälter, und schwankende Einnahmen und Ausgaben, wie Holzverkaufsgelder bezw. Schlägerlöhne. Die feststehenden werden mit ihren Beträgen unter die entsprechenden Titel eingetragen, die schwankenden werden nach dem Durchschnitt der letzten Jahre (es genügen drei Jahre) berechnet.

Besonders wichtig ist die sorgfältige Aufnahme der feststehenden Einnahmen und Ausgaben, damit die Beamten die Vereinnahmung und Verausgabung genau überwachen können. Es ist deshalb auch nötig, daß der Etat stets auf dem Laufenden erhalten wird. Ändern sich im Laufe der Etatsperiode einzelne Beträge, oder kommen neue hinzu, so muß der Etat sofort berichtigt oder vervollständigt werden. Giebt beispielsweise der Etat für das Gehalt des Forstbeamten an: „Gehalt 1200 Mark, zahlbar pränumerando am ersten jedes Vierteljahres mit 300 Mark", und würde der Beamte im Laufe der Etatsperiode um 200 Mark aufgebessert, so müßte der Etat, wie folgt, berichtigt werden: „Vom 1. Juli 1894 ab jährlich 1400 Mark, zahlbar pränumerando am ersten jedes Vierteljahres mit 350 Mark".

Der Geldetat wird von dem Kassenbeamten, der Naturaletat von dem Forstbeamten aufgestellt. Eine Abschrift von dem Geldetat ist dem Forstbeamten auszuhändigen, damit er die feststehenden Einnahmen rechtzeitig in seine Bücher (Solleinnahmebuch u. s. w.) eintragen kann.

Nachfolgend ist ein Beispiel für den Geldetat angegeben, unter Zugrundelegung der Zahlen, die in den ausgefüllten Formularen aufgeführt sind. Die schwankenden Einnahmen und Ausgaben sind hierbei auf volle 50 Mark abgerundet und sollen den Durchschnitt der letzten drei Jahre bedeuten. Die Etatsperiode ist auf drei Jahre angenommen worden, sie kann sich jedoch auch auf einen längeren Zeitraum erstrecken, namentlich dann, wenn Änderungen in den einzelnen Summen nicht häufig vorkommen.

Position Nr.	Geldetat für die Etatsperiode vom 1. Juli 1893 bis 1. Juli 1896.	Betrag im einzelnen M. Pf.	Betrag im ganzen M. Pf.
	Einnahme.		
	Tit. 1. Für Holz:		
	I. Verkauft an Fremde:		
1	A. Öffentlich meistbietend .	26000 00	
2	B. Freihändig .	1150 00	
	II. Verbraucht in der eigenen Verwaltung:		
3	1. Brennholz für die Herrschaft .	600,00	
4	2. desgl. für den Kutscher .	50,00	
5	3. Holz zu Bauten und Reparaturen	350,00	
6	4. Depulatholz für den Forstbeamten	150,00	
7	5. Holz zu Kulturzwecken . .	50,00	1200 00
	Summa Tit. 1		28450 00

9*

Position №	Geſoetat für die Etatsperiode vom 1. Juli 1893 bis 1. Juli 1896	Betrag im einzelnen ℳ. ₰.	Betrag im ganzen ℳ. ₰.
	Übertrag		28450 00
8	*Tit. 2. Für Forſtnebennutzungen:* *Aus dem Verkauf von Sand, Lehm, Steinen u. dergl.* *Erlös für die einjährig verpachteten Wieſen u. dergl. . . .*	500 00	
	Summa Tit. 2		500 00
9	*Tit. 3. Aus der Jagd:* *Erlös für verkauftes Wild*	1850 00	
	Summa Tit. 3		1850 00
	Tit. 4—6 fehlen.		
10	*Tit. 7. Insgemein:* *Sonſtige, nicht unter Tit. 1—6 fallende Einnahmen*	100 00	
	Summa Tit. 7		100 00
	Summa der Einnahme		30900 00

Ausgabe.

1	*Tit. 1. Für Holzwerbung*		1500 00
2	*Tit. 2. Für Werbung von Forſtnebennutzungen.*		—
	Tit. 3. Für Jagd:		
3	1. *Pacht für die Jagdnutzung auf der Feldmark Melchow. Pacht-periode 1. 7. 93 bis 30. 6. 99. Zahlbar an den Gemeindevorſtand in Melchow, pränumerando am 1. jedes Vierteljahres mit 100 Mk.*	400 00	
4	2. *Pauſchalſumme für Wildſchaden auf der Feldmark Melchow. Zahlbar an den Gemeindevorſtand in Melchow pränumerando am 1. Juli jedes Jahres mit 50 Mk. (Pachtperiode wie bei 1.)*	50 00	
5	3. *Für Schiessgelder etc. an den Forſtbeamten . . . . .*	250 00	
6	4. *Für Fütterungskoſten, Treiberlöhne u. s. w.*	300 00	
	Summa Tit. 3		1000 00
7	*Tit. 4. Für Kulturen*		1500 00
	Tit. 5. Für Beſoldungen u. s. w.		
8	1. *Förſter N. N. in Melchow: Gehalt jährlich 1200 Mk., zahlbar pränumerando am 1. jedes Vierteljahres mit 300 Mk*	1200 00	
9	2. *Wert des Deputatholzes . . . .*	150 00	
10	3. *Wert der sonſtigen Naturaldeputate*	150 00	
	Summa Tit. 5		1500 00
11	*Tit. 6. Für Staats- und Kommunalsteuern .*		500 00
	Summa		9000 00

Position Nr.	Geldetat für die Etatsperiode vom 1. Juli 1893 bis 1 Juli 1896.	Betrag im einzelnen ℳ ₰	Betrag im ganzen ℳ ₰
	Übertrag		9000 00
	Tit. 7. Kosten der Arbeiterversicherung:		
12	a) Invaliditäts- und Altersversicherung	50 00	
13	b) Krankenversicherung		
14	c) Unfallversicherung	100 00	
	Summa Tit. 7		150 00
	Tit. 8. Insgemein:		
15	Sonstige, nicht unter Tit. 1—7 fallende Ausgaben		200 00
	Summa Ausgabe		9350 00
	Die Einnahme beträgt		10900 00
	Die Ausgabe		9350 00
	Es ist mithin in der Etatsperiode 1893/96 ein jährlicher Überschuss zu erwarten von		1550 00

VI. Abänderungen
der dargestellten Buchführung für besondere Verhältnisse.

Kap. 33. Buchführung durch einen verwaltenden Beamten.

Die vorstehende Buchführung ist dargestellt unter der Voraussetzung, daß der Forstbeamte zugleich die verwaltenden Funktionen ausführt. Für größere Reviere und insbesondere, wenn mehrere Beamte angestellt sind, wird in der Regel ein verwaltender Beamter an der Spitze stehen, dem die übrigen unterstellt sind. In diesem Falle beschränkt sich die rechnerische Thätigkeit der Unterbeamten auf die Aufstellung der Hauer- und Kulturlohnzettel und auf die Anfertigung und Führung der Nummerbücher. Von letzteren werden für den Verwalter Abschriften gefertigt, die den Holzverkäufen u. s. w. zu Grunde gelegt werden. Die sämtlichen Rechnungen über Holzeinnahme, Holzausgabe, Forstnebennutzungen, Wild, Kulturen, sowie das Solleinnahmebuch werden von dem verwaltenden Beamten geführt, von ihm wird auch bei Beginn des Wirtschaftsjahres der Hauungs- und Kulturplan aufgestellt. Für die Unterbeamten werden aus den letztgenannten Plänen Auszüge für die von ihnen auszuführenden Arbeiten angefertigt. Die sämtlichen Lohnzettel müssen dem Verwalter zugestellt werden, der die Kasse zur Zahlung anweist.

Kap. 34. Buchführung ohne einen besonderen Kassenbeamten.

In manchen Fällen wird es nicht möglich sein, für die Vereinnahmung und Verausgabung der Gelder einen besonderen Kassenbeamten anzustellen, so daß der Forstbeamte die Geschäfte desselben auch bewirken muß. Unter diesen Umständen muß der Forstbeamte neben seinen Büchern noch das Geldeinnahme- und Geldausgabe-Journal und -Manual, sowie die Bücher über die Arbeiterversicherung führen. Das Solleinnahmebuch des Forstbeamten kann fortfallen, es wird ersetzt durch das zu führende Einnahme-Manual.

Für besonders kleine Reviere dürften sich hier und da noch Vereinfachungen der vorstehend geschilderten Buchführung einführen lassen. Die Verhältnisse sind jedoch zu verschiedenartig, um alle in Betracht ziehen zu können. Sobald der Zweck der Bücher und ihr Zusammenhang richtig erkannt ist, wird es leicht sein, dasjenige zu finden, was für die vorliegenden Verhältnisse am passendsten und zweckentsprechendsten ist.

VII. Führung des Kontrollbuches
und
Aufstellung der jährlichen Hauungspläne.

Kap. 35. Allgemeines über den Zweck und die Einrichtung des Kontrollbuches.

Durch den Betriebsplan wird festgestellt, wieviel Holz jährlich geschlagen werden kann, ohne daß die Nachhaltigkeit des Waldes gefährdet wird. Das in Festmetern Derbholz angegebene jährliche Hiebsquantum nennt man den Abnutzungssatz. Dieser Abnutzungssatz wird in der Weise ermittelt, daß man die Massen der sämtlichen, zum definitiven Abtrieb in der ersten Periode bestimmten Flächen abschätzt und die ermittelte Gesamtmasse durch die Anzahl der Jahre der ersten Periode — gewöhnlich 20 — dividiert. Die Richtigkeit des Abnutzungssatzes hängt daher wesentlich von der Richtigkeit der ermittelten Massen ab. Sind die Massen zu hoch abgeschätzt, so wird auch der Abnutzungssatz zu hoch bemessen, sind sie zu niedrig abgeschätzt, so wird auch der Abnutzungssatz zu niedrig bemessen. Es wird daher bei zu hohem Abnutzungssatz die für die erste Periode bestimmte Masse schon vor Beendigung derselben aufgebraucht, bei zu niedrigem Abnutzungssatz wird am Schluß der ersten Periode ein Teil der Masse noch übrig sein. Mit der Prüfung, ob die Schätzung richtig ist, braucht man aber nicht bis zum Ablauf der ersten Periode zu warten, es läßt sich vielmehr die Richtigkeit der Schätzung an jeder Fläche, die zu Ende gehauen ist — Endhieb — kontrollieren, wenn man die Masse, die sie wirklich ergeben hat, mit der abgeschätzten Masse, wie sie im Betriebsplan angegeben ist, vergleicht. Ist beispielsweise die Masse einer Fläche im Betriebsplan auf 2000 fm angegeben, nach vollständig beendetem Hieb hat sich jedoch herausgestellt, daß sie 3000 fm gegeben, so ist die Schätzung für diese Fläche um 1000 fm zu niedrig, sie hat einen Mehrertrag von 1000 fm ergeben. Nehmen wir nun an, der Abnutzungssatz betrüge 1000 fm, so würde man betriebsplanmäßig den Abnutzungssatz für zwei Jahre aus der Fläche entnehmen können, in Wirklichkeit würde der Ertrag jedoch für drei Jahre — also für ein Jahr zuviel — ausreichen. Diesen Mehrertrag kann man, ohne die Nachhaltigkeit zu gefährden, im folgenden Jahre mehr einschlagen, denn es ist ein Quantum, das bei Berechnung des Abnutzungssatzes nicht in Betracht gekommen ist. Es ist leicht einzusehen, daß Mindererträge durch Herabsetzung des Einschlages des nächsten Jahres oder der nächsten Jahre wieder eingespart werden müssen.

Die Kontrolle der Schätzung und die Korrektur etwaiger Fehler gegen das wirkliche Ergebnis geschieht durch die Abschnitte A und AI des Kontrollbuches.

Eine wirklich genaue Innehaltung des Abnutzungssatzes durch den jährlichen Einschlag ist überaus schwer. Abgesehen von den absichtlichen Überschreitungen, veranlassen oft Sturm=, Schnee= und Insektenschäden, über den Abnutzungssatz hinauszugehen.

Die Masse, um die der festgesetzte Abnutzungssatz durch den Einschlag über= schritten wird, nennt man Mehreinschlag. Bleibt der Einschlag gegen den Ab= nutzungssatz zurück, so erhält man einen Mindereinschlag. Es ist klar, daß der Mehreinschlag, weil er über die Masse des Abnutzungssatzes hinausgeht, im nächsten Jahre einzusparen ist, und der Mindereinschlag, weil er die Masse des Abnutzungs= satzes nicht erreicht, im nächsten Jahre mehr eingeschlagen werden kann.

Hieraus ergiebt sich, daß eine fernere Kontrolle darüber stattfinden muß, wie der jährliche Einschlag zu dem Abnutzungssatz sich stellt, ob der Abnutzungssatz überschritten ist, oder ob er nicht erreicht ist. Dies geschieht im wesentlichen durch den Abschnitt B des Kontrollbuches.

Für die Aufstellung des Hauungsplanes sind also zu berücksichtigen die Mehr= bezw. Mindererträge der Mehr= bezw. Mindereinschläge: erst nachdem der Abnutzungssatz des Betriebsplanes bezüglich beider korrigiert ist, erhält man den zulässigen Abnutzungssatz, der die Masse angiebt, die geschlagen werden kann, ohne an den Grundlagen des Betriebsplanes zu rütteln. Die Masse jedoch, die hauungsplanmäßig zum Einschlag kommen soll, nennt man das Einschlagssoll; je nachdem Einsparungen oder Überhiebe geplant sind, wird dasselbe kleiner oder größer sein als der zulässige Abnutzungssatz.

Kap. 36. Abschnitt A des Kontrollbuches.

Der Abschnitt A des Kontrollbuches enthält für jede Fläche, die nach dem Betriebsplan in der ersten Periode einen Ertrag geben soll, ein besonderes Konto. In der Regel kommen nur diejenigen Flächen in Betracht, die zur Hauptnutzung gehören, die also in der ersten Periode vollständig genutzt werden. Vornutzungs= erträge werden nur summarisch nachgewiesen, entweder für das ganze Revier oder für die einzelnen Schutzbezirke. Es ist also für diese Erträge nur ein einziges Konto einzurichten.

Alljährlich, nachdem das Holzeinnahmebuch abgeschlossen ist, werden die Erträge der einzelnen Flächen in die entsprechenden Kontos eingetragen, bis schließlich die Fläche vollständig genutzt ist — der Endhieb erfolgt ist. Der wirkliche Ertrag wird sodann in seiner Gesamtsumme festgestellt und mit dem schätzungsmäßigen Ertrag, wie er im Betriebsplan angegeben ist, verglichen. Hierdurch wird festgestellt, ob sich ein Mehr= oder Minderertrag ergeben hat.

Das Konto der Vornutzung wird nur alle drei Jahre abgeschlossen, um die Mehr= bezw. Minderträge zu ermitteln.

Kontrollbuch: Abschnitt A.

Revier: M...
Forst. Nr. 2.a

Der Einschlag hat ergeben:

Jagen 5.
Abteilung a.
Distrikt:

Zeit des Einschlags und Nutzungsart	Größe der ganzen Stäbe	der Hiebs Fläche	Kontrollfähiges Derbholz					Außerdem ist erzielt:
			Eichen	Buchen ꝛc. (hart)	Anderes Laub- holz (weich)	Nadel- holz	Summa Derbholz	
	ha der	ha der	fm der	fm der	fm der	fm der	fm der	
1880: Starke Durchhauung	8 50	. .	. .	. .	10 00	170 00	180 00	
1885: Trocknis ꝛc.	.	.	6 00	. .	. .	12 00	18 00	
1887: desgl.	.	.	. .	. .	. .	20 00	20 50	
1890: Kahlhieb	.	3 00	25 00	15 00	3 00	720 00	763 00	
1892: desgl.	.	3 00	10 50	20 00	7 50	760 00	897 50	
1893: desgl.	.	2 50	21 31	. .	83 75	514 74	621 80	
Summa	8 50 8 50		92 84	35 00	106 25	2196 74	2430 80	
Die Schätzung besagt			100 00	130 00	15 00	1880 00	2125 00	

Mithin Mehrertrag gegen die Schätzung   305 80   rd. 306 fm.

Abgeschlossen und nach Abschnitt A I übertragen den 1. August 1894.

Kap. 37. Abschnitt A I des Kontrollbuches.

Der Abschnitt A I enthält eine Zusammenstellung aller zum Endhieb gelangten Bestände mit ihren Mehr- oder Mindererträgen auf Grund des Abschlusses im Abschnitt A. Der Abschnitt A I pflegt alle drei Jahre abgeschlossen zu werden; es gleichen sich dadurch die Mehrerträge der Endhiebe des einen Jahres gegen etwaige Mindererträge der Endhiebe des anderen Jahres etwas aus, so daß der zulässige Abnutzungssatz nicht allzugroßen Schwankungen unterliegt.

Revier: M...
Forst. Nr. 2.a

Kontrollbuch: Abschnitt A I.

Jag. Abt.	Jahr, in welchem der Hieb geführt ist	Nach der Schätzung sollte erfolgen:					Nach dem Abschluß in Abschnitt A ist wirklich erfolgt:					Mithin ist gegen die Schätzung erfolgt
		Eichen	Buchen ꝛc. (hart)	Anderes Laub- holz (weich)	Nadel- holz	über- haupt	Eichen	Buchen ꝛc. (hart)	Anderes Laub- holz (weich)	Nadel- holz	über- haupt	mehr weniger
		Festmeter					Festmeter					
30 a	1889	.	350	.	.	350	308	.	.	.	308	. 42
36 b	..	.	.	550	.	550	.	620	.	620	.	70 .
Durchforstung	1888 90					1500					2330	830 .

Abgeschlossen den 1. August 1891.

Den Mehrertrag gegen den Minderertrag ausgeglichen giebt

900 42
858

| 5 a | 1893 | 100 | 130 | 15 | 1880 | 2125 | 93 | 35 | 106 | 2197 | 2431 | 306 . |
| Durchforstung | 1891 93 | | | | | 1500 | | | | | 1586 | 86 . |

Abgeschlossen den 1. August 1894.

1250

Art des Hiebes [1893/94]	Block	Hagen	Abteilung	Größe der Schlagfläche bezw. Durchforstungsfläche	Eichen kontrollfähiges Derbholz						Buchen ꝛc. (hart) kontrollfähiges Derbholz						Anderes Laubholz (weich) kontrollfähiges Derbholz					
					Nutzholz	Kloben	Knüppel I	Knüppel II	Summa Derbholz in Festmetern	Stockholz	Reisig	Nutzholz	Kloben	Knüppel I	Knüppel II	Zus. Derbholz in Festmetern	Stockholz	Reisig	Nutzholz	Kloben	Knüppel I	Knüppel II	Summa Derbholz in Festmetern	Stockholz	Reisig
Kahlhieb (Endhieb)	5	a	2,50	2 14 9 18 . 21 31 14 1 . .	.	.	.	.	3 15 39 18 61 . 85 25 10 51												
desgl.	7	a	4,00	.	.	.	.	.													
u. s. w.																					
Totalitätshiebe	2	a	.	2 10 1 . 9 10	.	.	.	.													
desgl.	4	b	.	.	.	2 65 . 20 3 . 18 75 . 3													
u. s. w.																					
Durchforstung	20	b	.	.	.	.														
u. s. w.																					
Totalität: späterer Periode	.	.	.	.	.													
Summa Einschlag pro 1893/94				2 14 11 28 1 . 30 41 14 1	.	.	5 80 39 38 61 . 101 50 10 57												

§. 38. Abschnitt B des Kontrollbuches.

Der Abschnitt B enthält die Nachweisung des gesamten jährlichen Einschlages an kontrollfähigem Derbholz, ausgedrückt in Festmetern. Die Grundlage für diesen Abschnitt bildet das Holzeinnahmebuch. Für jede einzelne Fläche wird das Hiebsergebnis übertragen und dabei die in Raummaßen gebuchten Sortimente zu Festmetern umgerechnet. Ein Raummeter Schichtnutzholz, Kloben und Knüppel ist gleich 0,7 Festmeter. Zu beachten ist, daß die Eintragungen richtig unter Hauptnutzung, Vornutzung bezw. nicht zur Schätzung gehöriges Material erfolgen. In der Regel wird es ausreichen, die Trennung nach den Holzarten nur für die Hauptnutzung durchzuführen, die Vornutzung dagegen ohne eine solche Trennung nachzuweisen. Zweckmäßig wird der Abschnitt B zuerst aufgestellt und dann der Abschnitt A.

§. 39. Aufstellung des Hauungsplanes.

Die Aufstellung des Hauungsplanes zerfällt in zwei Teile:

1. Die Herleitung des zulässigen Abnutzungssatzes und Feststellung des Einschlagssolls.

Bei der Herleitung des zulässigen Abnutzungssatzes geht man von dem Abnutzungssatz, wie ihn der Betriebsplan angibt, aus. Darauf stellt man den wirklichen Einschlag bis zum letztvergangenen Wirtschaftsjahre fest. Diesen Isteinschlag vergleicht man mit der Summe, die sich ergibt, wenn man annimmt,

Abschnitt B.

Nadelholz betriebsfähiges Derbholz								Summa betriebsfähiges Derbholz der Hauernutzung	Durchforstungs= oder Vornutzung Derbholz								Gesamtsumme an Derbholz	Nicht zur Schätzung gehöriges Material							
Nutzholz	Scheitholz	Kloben	Knüppel I	Knüppel II	Summa Derbholz in Festmetern	Stockholz	Reisig		Nutzholz	Scheitholz	Kloben	Knüppel I	Knüppel II	Summa Derbholz in Festmetern	Stockholz	Reisig			Nutzholz	Scheitholz	Kloben	Knüppel I	Knüppel II	Summa Derbholz in Festmetern	Stockholz	Reisig
fm	Raummeter				fm			fm	fm	Raummeter				fm			fm	fm	Zusammt						fm
354 11	45 150	24	511 71	212 150	621 89												621 89								
809 50	110 320		85 1161 00	790 350	1161 00												1161 00								
3 20	10	3	12 30		9	21 40	18 75										21 40 18 75								
					9 90	3 17	23 90	85	23 90															
					82 00	16	101 187 00	12	187 00															
2118 90 127 883	387 3057 00 1227 1910	3192 51	101 97 6 229 17 507 636 27 11 126	3828 81																				

daß in diesem Zeitraum jährlich genau der Abnutzungssatz zum Einschlag gekommen wäre. Hierdurch erhält man den Mehr= bezw. Mindereinschlag für den ganzen vergangenen Zeitraum der ersten Periode. Der Mehreinschlag bildet einen Übergriff, muß also eingespart werden, der Mindereinschlag bildet einen Vorrat, kann daher mehr genutzt werden.

Die Ausgleichung gegen etwaige Schätzungsfehler geschieht durch Aufnahme des Abschlusses A I in seinen Mehr= bezw. Mindererträgen. Die Mehrerträge bilden genau wie die Mindereinschläge einen Vorrat, die Mindererträge dagegen einen Ausfall. Zieht man beide Summen zusammen, bezw. gleicht man dieselben aus, so ergiebt sich entweder ein Vorrat oder ein Übergriff (Ausfall). Ergiebt sich ein Vorrat, so kann für das nächste Jahr der Abnutzungssatz um diesen erhöht werden, ergiebt sich ein Übergriff (Ausfall), so muß der Abnutzungssatz um diesen ermäßigt werden. Den auf diese Weise ermittelten Abnutzungssatz nennt man den zulässigen Abnutzungssatz, weil er dasjenige Hiebsquantum angiebt, das genutzt werden kann, ohne die Nachhaltigkeit zu gefährden.

Unter dem zulässigen Abnutzungssatz wird summarisch das Quantum, das im nächsten Jahre geschlagen werden soll, das Einschlagssoll, angegeben. Ob dasselbe höher oder niedriger als der zulässige Abnutzungssatz zu bemessen ist, hängt von den jedesmaligen Verhältnissen ab, wird dasselbe niedriger angenommen, so erhält man dadurch einen Vorrat oder eine Reserve, nimmt man dasselbe höher an, so bewegt man sich in Übergriffen, die in den nächsten Jahren wieder eingespart werden müssen. Besondere Verhältnisse können sehr wohl einen Übergriff rechtfertigen, nur muß man sich dessen bewußt sein und sich die Pflicht auferlegen, denselben in den nächsten Jahren wieder einzusparen.

10*

Wirtschaftsjahr: 1894/95.

Form. Nr. 31a.

Hauungsplan.

Revier: Melchow.

Position	Herleitung des zulässigen Abnutzungssatzes und Feststellung des Einschlagssolls	Schutzbezirk	Jagen, Distrikt Abteilung	Größe der Abteilung (ha a)	Größe der Hiebsfläche (ha a)	Materialertrag A. Hauptnutzung: Eichen (Festmeter)	Buchen etc.	anderes Laubholz	Nadelholz	überhaupt	B. Vornutzung (fm)	Gesamt-Derbholzertrag (fm)	außerdem Stockholz (Rmtr.)	außerdem Reisig (Rmtr.)	C. Nicht zur Schätzung gehöriges Material: Derbholz (fm)	Stockholz (Rmtr.)	Reisig (Rmtr.)
1	Der Abnutzungssatz beträgt nach dem Betriebsplan pro Jahr					50	30	20	3400	3500	500	4000					
2	Der Einschlag hat nach dem Abschluss B des Kontrollbuches betragen pro 1880/81						10	308	2862	3180	620	3800					
	pro 1881/82 u. s. w.																
	pro 1893/94					30	.	105	3058	3193	636	3829					
	Summa: Einschlag in 14 Jahren					500	350	250	43850	44950	7700	52650					
3	Der Abnutzungssatz für diese 14 Jahre beträgt dagegen [Anzahl der Jahre × Pos. 1]									49000	7000	56000					
4	Es sind mithin gegen den Abnutzungssatz geschlagen weniger (Mindereinschlag) [3 — 2]											3350					
5	Der Abschluss des Abschnitts A 1 ergiebt aus den Endhieben einen Mehrertrag gegen die Schätzung											1250					
6	Es ist mithin ein Vorrat vorhanden von [4 + 5]											4600					
7	Es können mithin pro 1894/95 geschlagen werden (zulässiger Abnutzungssatz) [7 + 1]											8600					
8	Zur Erhaltung des Vorrats (der Reserve) sollen dagegen nur geschlagen werden (Einschlagssoll)									3330	570	3900	1250	2460	150	10	100

Vorstehendes Einschlagssoll ist aus nachstehend verzeichneten Hiebspositionen zu entnehmen.

2. Der Hauungsplan.

Das im Eingang zum Hauungsplan aufgeführte Einschlagssoll für das nächste Wirtschaftsjahr giebt nur summarisch die Anzahl der Festmeter an, die geschlagen werden soll.

In dem Hauungsplane selbst werden nun unter Innehaltung dieser Summe die einzelnen Flächen namhaft gemacht, wo geschlagen werden soll und wieviel dort geschlagen werden soll.

Bei dem Hiebe ist demnächst darauf zu achten, daß die veranschlagten Massen nicht überschritten werden, bezw. wenn eine Überschreitung erfolgt ist, daß das zuviel geschlagene Quantum anderswo eingespart wird.

Der Materialertrag wird getrennt angegeben für Hauptnutzung, Vornutzung und für das nicht zur Schätzung gehörige Material. Zu letzterem gehören die Nutzungen aus Alleen, Feldremisen u. s. w., die im Betriebsplan nicht aufgenommen; sind.

Diese Erträge unterliegen keiner weiteren Kontrolle, die Höhe ist nach jeweiligen Verhältnissen zu bemessen.

In welcher Weise das Einschlagssoll auf

Hauungsplan.

Periodentafel: 1894 96.

Form. Nr. 31 b.

	Hauungsplan	Materialertrag
1	Tabarisex Abtrieb des Bestandes	
2	Abtrieb des Vorrandes	
3	Tabarisex Abtrieb	
4	Abtrieb des Bestandes	
5	Abtrieb des Bestandes	
	Tot. I. Periode: Abtrieb von Trocknis, Schneebruch, ...bäumen, Kreuzöpfen etc.	
6	Reinbestehdurchforstung	
7	Durchforstung	
8	Durchforstung	
9	Durchforstung	
10	Reinbestehdurchforstung	
11	Reinbestehdurchforstung	
12	Tot. spät. Perioden	
13	Nutzung aus dem Park, den Alleen und Feldwiesen	
	Summa	

die Haupt= und Vornutzung zu verteilen ist, hängt davon ab, wie der Abnutzungssatz im Betriebsplan angegeben ist.

Es kann für die Hauptnutzung und Vornutzung zwar ein gesonderter Abnutzungs= satz angegeben sein, beide können aber zu einem Gesamtabnutzungssatz, der in erster Linie innezuhalten ist, vereinigt sein. Hieraus ergiebt sich, daß das Einschlagssoll bald vorwiegend aus den Hauptnutzungen, bald vorwiegend aus den Vornutzungen erfüllt werden kann. Man ist auf diese Weise im stande, durch einen ausgiebigen Durch= forstungsbetrieb die Hauptnutzung etwas zu schonen, namentlich wenn die Vornutzungs= erträge nur mäßig veranschlagt sind, und einen anzustrebenden Vorrat vorzugsweise aus alten Beständen anzusammeln. Diese Maßregel wird jedoch nur dann richtig sein, wenn die Durchforstungen nicht über das herkömmliche Maß stark geführt werden, andernfalls würde die Ansammlung des Vorrates lediglich auf Kosten der Bestände späterer Perioden geschehen, die immer lichter werden und dereinst bei ihrem Abtrieb bei weitem nicht das liefern, was sie bei richtiger Behandlung geliefert hätten. Um dies zu vermeiden, pflegt man auch wohl zur Hauptnutzung alle diejenigen Erträge aus Beständen der späteren Perioden zu rechnen, durch die der demnächstige Abtriebs= ertrag um mehr als 5 % geschmälert werden würde.

Vielfach ist es auch üblich, nur für die Hauptnutzung einen streng innezuhaltenden Abnutzungssatz aufzustellen, und man beschränkt sich darauf, den Nachweis einer nach= haltigen Hiebsführung nur für die Erträge der Bestände der ersten Periode zu führen.

Es ist schon darauf hingewiesen, daß die Angaben des Betriebsplanes nur dann zutreffen und die Kontrollbücher nur dann ein richtiges Bild der Wirtschafts= führung geben, wenn neben der richtigen Trennung der Haupt= und Vornutzung auch eine strenge Sonderung des Derbholzes von dem Nichtderbholz stattgefunden hat.

Vorertragstafeln, Sortimentstafeln und Gesamtertragstafeln für Kiefern-, Fichten- und Buchen-Hochwald*).

Im Alter von Jahren	Bei einer Bestandsmittelhöhe des Hauptbestandes von Metern	In dem in Rubrik 1 angegebenen Jahre					An Vorertrag	mit Einschluß der früheren Vorerträge		An Hauptertrag nach Masse						An Gesamtertrag				
		nach Masse		nach Sortimenten			pro Hektar		pro Jahr und Hektar Durchschn. Zuwachs		pro Hektar		pro Jahr und Hektar Durchschn. Zuwachs		nach Zeitwerten		pro Hektar		pro Jahr und Hektar Durchschn. Zuwachs	
		Derbholz	Gesamtmasse	Stoden	Stangel	Reisig	Derbholz	Gesamtmasse	Derbholz	Gesamtmasse	Derbholz	Gesamtmasse	Derbholz	Gesamtmasse	Stoden	Stangel	Reisig	Derbholz	Gesamtmasse	Derbholz	Gesamtmasse
		fm pr. ha		Prozente			Festmeter		Festmeter		Festmeter		Festmeter		Prozente			Festmeter		Festmeter	
1.	2.	3.	4.	5.	6.	7.	8.	9.	10.	11.	12.	13.	14.	15.	16.	17.	18.	19.	20.	21.	22.

Holzertragstafel für Kiefer.

I. Ertragsklasse.

20	7,3	.	15	.	.	100	.	15	.	0,8	55	162	2,8	8,4	.	34	66	55	177	2,8	8,9
30	11,6	4	20	.	22	78	1	35	0,1	1,2	155	255	5,2	8,5	18	43	39	150	290	5,3	9,7
40	15,7	20	29	3	68	29	25	64	0,6	1,6	271	356	6,8	8,4	46	35	19	296	400	7,1	10,0
50	19,4	30	34	13	74	13	55	98	1,1	2,0	354	407	7,1	8,1	63	24	13	409	505	8,2	10,1
60	22,1	36	39	32	59	9	91	137	1,5	2,3	421	472	7,0	7,9	75	14	11	512	609	8,5	10,2
70	24,3	32	35	52	40	.	123	172	1,8	2,5	475	525	6,8	7,5	81	9	10	598	697	8,5	10,0
80	26,0	31	33	67	26	7	154	205	1,9	2,6	519	569	6,5	7,1	85	6	9	673	774	8,4	9,7
90	27,5	27	28	78	16	6	181	233	2,0	2,6	556	606	6,2	6,7	87	5	8	737	839	8,2	9,3
100	28,5	22	23	85	10	5	203	256	2,0	2,6	587	637	5,9	6,4	88	4	8	790	893	7,9	8,9
110	29,3	19	20	87	9	4	222	276	2,0	2,5	614	664	5,6	6,0	88	4	8	836	940	7,6	8,5
120	30,0	17	18	88	8	4	239	294	2,0	2,5	634	684	5,3	5,7	89	4	7	873	978	7,2	8,2

II. Ertragsklasse.

20	5,7	.	12	.	.	100	.	12	.	0,6	5	107	0,5	5,3	.	5	95	5	119	0,3	6,0
30	9,3	.	16	.	.	100	.	28	.	0,9	82	193	2,7	6,4	.	42	58	82	221	2,7	7,3
40	12,5	7	22	.	33	67	7	50	0,2	1,3	198	270	4,9	6,7	22	51	27	205	320	5,1	8,0
50	15,6	19	27	4	67	29	26	77	0,5	1,5	276	332	5,5	6,6	45	35	17	302	409	6,0	8,1
60	18,2	27	31	13	74	13	53	108	0,9	1,8	328	379	5,5	6,3	65	22	13	384	487	6,4	8,1
70	20,5	26	28	32	59	9	79	136	1,1	1,9	367	417	5,2	6,0	73	13	12	446	553	6,4	7,9
80	22,3	25	25	58	35	7	102	161	1,3	2,0	400	448	5,0	5,6	81	8	11	502	609	6,3	7,6
90	23,9	22	23	71	23	6	124	184	1,4	2,0	427	475	4,7	5,3	85	5	10	551	659	6,1	7,3
100	25,2	17	18	78	16	6	141	202	1,4	2,0	448	496	4,5	5,0	86	4	10	589	698	5,9	7,0
110	26,3	14	15	84	11	5	155	217	1,4	2,0	468	516	4,3	4,7	86	4	10	623	733	5,7	6,7
120	27,0	12	13	86	10	4	167	230	1,4	1,9	486	534	4,1	4,5	87	4	9	653	764	5,5	6,4

III. Ertragsklasse.

20	4,7	.	9	.	.	100	.	9	.	0,5	2	90	0,1	4,5	.	2	98	2	99	0,1	5,0
30	7,8	.	12	.	.	100	.	21	.	0,7	58	150	1,9	5,0	.	39	61	58	171	1,9	5,7
40	10,6	4	17	.	22	78	4	38	0,1	1,2	138	203	3,5	5,1	16	52	32	142	241	3,6	6,1
50	13,2	12	21	1	55	44	16	59	0,3	1,2	189	247	3,8	4,9	33	43	24	205	306	4,1	6,1
60	15,4	19	24	7	74	19	35	83	0,6	1,4	231	284	3,8	4,7	51	30	19	266	367	4,4	6,1
70	17,4	21	23	17	72	11	56	106	0,8	1,5	267	317	3,8	4,5	63	21	16	323	423	4,6	6,0
80	19,1	19	21	32	59	9	75	127	0,9	1,6	298	346	3,7	4,3	72	14	14	373	473	4,7	5,9
90	20,4	16	17	52	40	8	91	144	1,0	1,6	323	371	3,6	4,1	77	10	13	414	515	4,6	5,7
100	21,5	13	14	63	30	7	104	158	1,0	1,6	343	390	3,4	3,9	80	7	12	447	548	4,5	5,5
110	22,3	11	12	71	23	6	115	170	1,0	1,5	360	407	3,3	3,7	82	6	12	475	577	4,3	5,2
120	23,0	9	10	73	21	6	124	181	1,0	1,5	373	420	3,1	3,5	84	5	11	497	600	4,1	5,0

*) Nach einer Zusammenstellung durch die Forstakademie Eberswalde.

Es sind bei Bollbestand an oberirdischer Holzmasse zu erwarten:

An Alter von Jahren	Bei einer Bestandesmittelhöhe des Haupbestandes von Metern	An Vorertrag – in dem in Rubrik 1 angegebenen Jahre					An Vorertrag – mit Einschluß der früheren Vorerträge		An Haupertrag – nach Masse				An Haupertrag – nach Zort. menten			An Gesamtertrag			
		nach Masse		nach Zoti. menten			pro Hektar	pro Jahr und Hektar (Durchschn. Zuwachs)	pro Hektar	pro Jahr und Hektar (Durchschn. Zuwachs)		pro Jahr und Hektar (Durchschn. Zuwachs)	menten			pro Hektar 9—13	pro Jahr und Hektar (Durchschn. Zuwachs)
		Derbholz	Gesamt masse	Stoben	Stöppel	Reisig	Derbholz	Gesamt masse	Derbholz	Gesamt masse	Derbholz	Gesamt masse	Derbholz	Gesamt masse	Stoben	Stöppel	Reisig	Derbholz	Gesamt masse	Derbholz	Gesamt masse
		fm pr. ha	Prozente				Festmeter		Festmeter				Prozente				Festmeter				
1.	2.	3.	4.	5.	6.	7.	8.	9.	10.	11.	12.	13.	14.	15.	16.	17.	18.	19.	20.	21.	22.

IV. Ertragsklasse.

20	3,9	7	.	.	100	.	7	.	0,4	.	74	.	3,7	.	.	100	.	81	.	4,1
30	6,8	10	.	.	100	.	17	.	0,6	31	122	1,0	4,1	.	25	75	31	139	1,0	4,7
40	9,3	.	14	.	.	100	.	31	.	0,8	90	166	2,3	4,1	3	51	46	90	197	2,3	4,9
50	11,2	4	17	.	22	78	4	48	0,1	1,0	143	201	2,9	4,1	17	53	30	147	252	2,9	5,1
60	12,9	11	19	1	55	41	15	67	0,3	1,1	183	235	3,1	3,9	32	46	22	198	302	3,3	5,0
70	14,5	14	18	5	72	23	29	85	0,4	1,2	215	261	3,1	3,7	48	34	18	244	346	3,5	4,9
80	15,9	14	16	13	74	13	43	101	0,5	1,3	234	279	2,9	3,5	58	26	16	277	380	3,5	4,3
90	17,0	13	14	20	70	10	56	115	0,6	1,3	247	292	2,7	3,2	64	20	16	303	407	3,4	4,5
100	.	10	11	26	64	10	66	126	0,7	1,3	.	.	.	.	.	.	.	.	.	.	.

V. Ertragsklasse.

20	3,3	6	.	.	100	.	6	.	0,3	.	57	.	2,9	.	.	100	.	63	.	3,2
30	5,5	8	.	.	100	.	14	.	0,5	25	97	0,8	3,2	.	26	74	25	111	0,8	3,7
40	7,7	.	11	.	.	100	.	25	.	0,6	63	133	1,6	3,3	.	17	53	63	158	1,6	3,9
50	9,4	2	14	.	15	85	2	39	.	0,8	100	162	2,0	3,2	9	53	38	102	201	2,0	4,0
60	10,7	5	16	.	33	67	7	55	0,1	0,9	131	187	2,2	3,1	17	53	30	138	242	2,3	4,0
70	11,7	8	14	1	55	44	15	69	0,2	1,0	157	208	2,2	3,0	24	51	25	172	277	2,5	4,0
80	13,0	9	13	2	63	35	24	82	0,3	1,0	176	223	2,2	2,8	32	47	21	200	305	2,5	3,8
90	13,7	8	11	4	67	29	32	93	0,4	1,0	188	231	2,1	2,6	38	43	19	220	324	2,4	3,6
100	14,0	7	9	5	72	23	39	102	0,4	1,0	.	.	.	.	.	.	.	.	.	.	.

Holzertragstafel für Fichte.

I. Ertragsklasse.

20	5,1	.	.	.	.	.	.	77	152	3,8	7,6	.	51	49	77	152	3,9	7,6
30	9,8	12	35	.	31	66	12	35	0,4	1,2	182	294	6,7	9,8	13	49	38	191	329	6,5	11,0
40	14,5	26	40	.	64	36	38	75	1,0	1,9	332	446	8,3	11,1	35	40	25	370	521	9,3	13,0
50	19,1	33	17	9	68	23	71	122	1,4	2,4	505	603	10,1	12,1	60	21	19	576	725	11,5	14,5
60	23,4	46	55	21	63	16	117	177	2,0	3,0	644	743	10,7	12,4	75	10	15	761	920	12,7	15,3
70	26,9	59	65	46	45	9	176	242	2,5	3,5	740	853	10,6	12,2	52	5	13	916	1095	13,1	15,6
80	29,7	55	60	75	16	9	231	302	2,9	3,8	815	924	10,2	11,5	54	4	12	1046	1226	13,1	15,3
90	32,1	51	55	80	12	8	282	357	3,1	4,0	878	982	9,8	10,9	56	3	11	1160	1339	12,9	14,9
100	34,3	41	45	83	9	8	323	402	3,2	4,0	930	1029	9,3	10,3	58	2	10	1253	1431	12,5	14,3
110	35,9	37	40	85	7	8	360	442	3,3	4,0	977	1068	8,8	9,7	60	2	8	1337	1510	12,2	13,7
120	37,0	28	30	85	7	8	388	472	3,2	3,9	1020	1100	8,5	9,2	60	2	8	1408	1572	11,7	13,1

II. Ertragsklasse.

20	3,5	.	.	.	.	.	.	22	83	1,1	4,1	.	27	73	22	83	1,1	4,2
30	6,9	.	28	.	.	100	.	28	.	0,9	83	172	2,8	5,7	.	48	52	83	200	2,8	6,7
40	10,7	22	32	.	34	66	22	60	0,6	1,5	175	281	4,4	7,0	13	50	37	197	341	4,9	8,5
50	11,4	21	37	.	55	42	43	97	0,9	1,9	292	405	5,5	8,1	29	43	28	335	502	6,7	10,0
60	18,2	31	44	3	68	29	74	141	1,2	2,4	435	519	7,2	9,1	51	28	21	509	690	8,5	11,0
70	21,9	42	52	10	70	20	116	193	1,7	2,8	553	663	7,9	9,5	67	17	16	669	856	9,6	12,2
80	25,3	12	48	25	63	12	158	241	2,0	3,0	650	750	8,1	9,4	77	10	13	808	991	10,1	12,4
90	27,9	10	44	60	31	9	198	285	2,2	3,2	723	817	8,0	9,1	82	6	12	921	1102	10,2	12,2
100	29,8	37	40	71	21	8	235	325	2,4	3,3	778	867	7,8	8,7	85	5	10	1013	1192	10,1	11,9
110	31,1	29	32	75	17	8	264	357	2,4	3,2	821	910	7,4	8,2	87	3	10	1085	1267	9,9	11,5
120	32,5	22	24	77	15	8	286	381	2,4	3,2	858	950	7,1	7,9	87	3	10	1144	1331	9,5	11,1

Im Alter von Jahren	Bei einer Bestandesmittelhöhe des Haupbestandes von Metern	Es sind bei Vollbestand an oberirdischer Holzmasse zu erwarten:																			
		An Vorertrag						An Haupertrag								An Gesamtertrag					
		in dem in Rubrik 1 angegebenen Jahre		mit Einschluß der früheren Vorerträge		nach Masse			nach Masse		die Zahr und Hektar (Durchschn.-Zuwachs)		nach Zahl		pro Hektar 5—12 ꝛc 0—13		pro Jahr und Hektar (Durchschn.-Zuwachs)	
		nach Masse	nach Zahl menten	pro Hektar	pro Hektar	Derbholz	Gesamt masse	pro Hektar	pro Hektar	Derbholz	Gesamt masse	menten		Derbholz	Gesamt masse	Derbholz	Gesamt masse
		Derbholz	Gesamt masse	Stoken	Mittpoet	Kreug								Stoken	Stappet	Kreug					
		fm pr. ha		Prozente			Kubikmeter			Kubikmeter			Prozente			Kubikmeter					
1.	2.	3.	4.	5.	6.	7.	8.	9.	10.	11.	12.	13.	14.	15.	16.	17.	18.	19.	20.	21.	22.

III. Ertragsklasse.

20	2,0							7	54	0,3	2,7		15	87	7	54	0,4	2,7
30	4,5	.	21	.	160	.	21	.	0,7	33	113	1,1	3,8	.	29	71	33	134	1,1	4,5
40	7,5	19	25	.	25	75	19	46	0,5	1,2	87	193	2,2	4,8	.	45	55	106	239	2,7	6,0
50	11,2	15	30	.	50	50	34	76	0,7	1,5	180	297	3,6	5,9	17	44	39	214	373	4,3	7,5
60	14,7	24	35	.	68	32	58	111	1,0	1,9	280	394	4,7	6,6	30	41	29	338	505	5,6	8,4
70	18,0	29	39	2	73	25	87	150	1,2	2,1	365	482	5,2	6,9	50	26	24	452	632	6,5	9,0
80	20,7	30	36	14	68	18	117	186	1,5	2,3	435	559	5,4	7,0	62	16	22	552	745	6,9	9,3
90	22,6	29	33	25	63	12	146	219	1,6	2,4	496	620	5,5	6,9	68	12	20	642	839	7,1	9,3
100	24,2	27	30	36	55	9	173	249	1,7	2,5	554	674	5,5	6,7	71	11	18	727	923	7,3	9,2
110	25,3	22	24	46	46	8	195	273	1,8	2,5	608	726	5,5	6,5	73	10	17	803	973	7,3	9,0
120	26,1	17	18	62	30	8	212	291	1,8	2,4	652	760	5,4	6,3	76	10	14	864	1051	7,2	8,8

IV. Ertragsklasse.

20	1,4							35		1,7			100		35	.	1,8
30	3,2	.	15	.	100	.	15	.	0,5	10	73	0,3	2,4	14	86	10	88	0,3	2,9
40	5,5	.	17	.	100	.	32	.	0,8	36	128	0,9	3,2	28	72	36	160	0,9	4,0
50	8,0	3	20	15	85	3	52	0,1	1,0	90	195	1,8	3,9	46	54	93	247	1,9	4,9
60	10,7	10	23	43	57	13	75	0,2	1,3	156	263	2,6	4,4	18	41	41	169	338	2,8	5,6
70	13,3	17	26	64	36	30	101	0,4	1,4	216	323	3,1	4,6	27	43	30	246	424	3,5	6,1
80	15,7	18	25	2	69	29	48	126	0,6	1,6	265	367	3,3	4,6	45	27	28	313	493	3,9	6,2
90	17,4	17	22	9	68	23	65	148	0,7	1,6	305	403	3,4	4,5	.	25	370	551	4,1	6,1
100	18,7	16	20	20	60	20	81	168	0,5	1,7	339	437	3,4	4,4	23	420	605	4,2	6,1

Holzertragstafel für Buche.

I. Ertragsklasse.

20	5,1		12		100		12		0,6	16,0	79,5	0,80	3,99	20	80	16,0	91,8	0,8	4,6
30	9,9	.	20	.	100	.	32	.	1,1	61,2	160,5	2,04	5,35	.	38	62	61,2	192,5	2,0	6,4
40	14,9	9	28	31	69	9	60	0,2	1,5	138,0	248,0	3,45	6,20	7	49	44	147,0	308,0	3,7	7,7
50	18,6	21	35	.	61	39	30	95	0,6	1,9	247,5	358,0	4,95	6,76	36	37	27	277,5	453,0	5,6	8,7
60	21,6	29	38	6	71	23	59	133	1,0	2,2	354,0	422,0	5,90	7,03	58	26	16	413,0	555,0	6,9	9,3
70	24,0	32	35	21	64	15	91	171	1,3	2,4	420,0	502,0	6,14	7,17	70	15	15	520,0	673,0	7,4	9,0
80	26,0	30	35	35	52	13	121	206	1,5	2,6	491,0	580,0	6,14	7,25	74	11	15	612,0	786,0	7,7	9,8
90	28,0	25	24	44	44	12	146	234	1,6	2,6	551,0	651,0	6,12	7,23	76	9	15	697,0	885,0	7,7	9,5
100	29,5	21	24	60	29	11	167	258	1,7	2,6	610,5	720,5	6,11	7,20	75	7	15	777,9	978,5	7,8	9,5
110	30,8	18	20	67	23	10	185	278	1,7	2,5	667,0	784,0	6,06	7,13	75	7	15	852,0	1062,0	7,7	9,6
120	31,8	16	18	75	15	10	201	296	1,7	2,5	717,0	840,0	5,98	7,00	78	7	15	918,0	1136,0	7,7	9,5

II. Ertragsklasse.

20	4,3	.	11	.	100	.	11	.	0,6	.	58,2	.	2,91	.	100		69,2	.	3,5
30	8,2	.	17	.	100	.	28	.	0,6	46,4	114,2	1,55	3,81	.	41	59	46,4	142,2	1,6	4,7
40	12,4	2	24	.	9	91	2	52	0,05	0,6	108,6	186,0	2,71	4,66	.	58	42	110,6	238,0	2,8	6,0
50	16,4	14	28	.	49	51	16	80	0,3	1,6	193,7	263,5	3,87	5,27	17	56	27	209,7	343,5	4,2	6,9
60	19,0	21	30	2	63	30	37	110	0,6	1,8	273,1	343,4	4,55	5,72	46	33	21	310,1	453,4	5,2	7,6
70	21,0	25	31	14	68	18	62	141	0,9	2,1	339,4	415,5	4,85	5,93	61	21	18	401,4	556,5	5,7	8,0
80	23,0	25	29	21	64	15	87	170	1,1	2,1	405,5	481,8	5,01	6,02	69	14	17	487,5	651,8	6,1	8,1
90	25,0	24	24	36	51	13	108	194	1,2	2,2	456,0	544,4	5,07	6,05	73	11	16	564,0	738,5	6,3	8,2
100	26,6	19	22	49	39	12	127	216	1,3	2,1	505,5	602,5	5,05	6,04	76	9	16	635,5	818,5	6,3	8,2
110	27,6	15	17	60	29	11	142	233	1,3	2,1	555,0	659,0	5,05	5,99	78	7	15	700,0	892,0	6,4	8,1
120	28,6	14	16	67	17	10	156	249	1,3	2,1	607,1	713,2	5,06	5,94	75	7	15	763,1	962,2	6,4	8,0

Vorertragstafeln zc. für Kieferu zc. Hochwald.

Es sind bei Vollbestand an oberirdischer Holzmasse zu erwarten:

Am Alter von Jahren	Bei einer Bestandesmittelhöhe des Hauptbestandes von Metern	in dem in Rubrit 1 angegebenen Jahre nach Masse Derbholz	Gesammtmasse	Stieben	Stangert	Reisig	mit Einschluß der früheren Vorerträge pro Hektar Derbholz	Gesammtmasse	pro Jahr und Hektar (Durchschn. Zuwachs) Derbholz	Gesammtmasse	nach Masse pro Hektar Derbholz	Gesammtmasse	pro Jahr und Hektar (Durchschn. Zuwachs) Derbholz	Gesammtmasse	nach Zorti- menten Stieben	Stangert	Reisig	Au Gesammtertrag pro Hektar 8—12 resp. 9—13 Derbholz	Gesammtmasse	pro Jahr und Hektar (Durchschn. Zuwachs) Derbholz	Gesammtmasse
1.	2.	3.	4.	5.	6.	7.	8.	9.	10.	11.	12.	13.	14.	15.	16.	17.	18.	19.	20.	21.	22.

III. Ertragsklasse.

20	3,0	9	.	100			9		0,5	.	40,2		2,01	.	.	100		49,2	.		2,5
30	6,0	14	.	100			23		0,5	21,0	84,4	0,7	2,81	.	25	75		21,0	107,4	0,7	3,6
40	10,0	18	.	100			41		1,0	73,5	138,5	1,84	3,46	.	53	47		73,5	179,5	1,8	4,5
50	14,0	4	20	.	20	80	4	61	0,08	1,2	140,5	193,5	2,51	3,88	.	72	28	144,5	254,8	2,9	5,1
60	16,9	13	23	.	55	45	17	84	0,3	1,4	209,0	250,6	3,48	4,18	28	55	17	226,0	334,6	3,8	5,6
70	18,9	18	25	2	68	30	35	109	0,5	1,6	265,4	309,6	3,93	4,42	49	38	13	303,4	415,6	4,3	6,0
80	20,9	18	23	10	70	20	53	132	0,7	1,7	321,0	365,0	4,01	4,56	61	27	12	374,0	497,0	4,7	6,2
90	22,0	17	20	16	68	16	70	152	0,8	1,7	371,0	420,0	4,12	4,67	70	18	12	441,0	572,0	4,9	6,4
100	23,0	15	17	25	61	14	85	169	0,9	1,7	416,0	472,0	4,16	4,72	75	13	12	501,0	641,0	5,0	6,4
110	24,0	11	13	35	52	13	96	182	0,9	1,7	456,0	520,4	4,15	4,73	77	11	12	552,0	702,4	5,0	6,4
120	25,0	11	12	50	38	12	107	194	0,9	1,6	493,0	566,5	4,11	4,62	78	9	13	600,0	760,5	5,0	6,3

IV. Ertragsklasse.

20	2,4	7	.	100			7		0,4	.	24,9		1,24	.	.	100		31,9	.		1,6
30	5,0	10	.	100			17		0,6	.	60,2		2,01	.	.	100		77,2	.		2,6
40	8,0	12	.	100			29		0,7	32,8	103,2	0,82	2,58	.	32	68		32,8	132,2	0,5	3,3
50	11,0	1	15	.	9	91	1	44	0,02	0,9	77,5	146,2	1,55	2,92	.	53	47	78,5	190,2	1,6	3,8
60	13,5	5	17	.	31	69	6	61	0,1	1,0	127,5	191,6	2,13	3,19	8	59	33	133,5	252,6	2,2	4,2
70	15,5	10	18	.	55	45	16	79	0,2	1,1	175,0	237,0	2,50	3,39	25	49	26	191,0	316,0	2,9	4,5
80	17,5	11	16	2	64	34	27	95	0,3	1,2	220,0	279,5	2,75	3,50	43	36	21	247,0	374,5	3,1	4,7
90	18,6	11	14	6	71	23	38	109	0,4	1,2	265,9	320,0	2,94	3,55	54	29	17	303,0	429,0	3,4	4,8
100	19,6	9	11	14	68	15	47	120	0,5	1,2	306,0	360,0	3,06	3,60	66	19	15	353,0	450,0	3,4	4,8

V. Ertragsklasse.

20	1,2	.	4	.	100			4	0,2	.	17,1		0,9	.	.	100		21,1	.		1,1
30	3,0	.	6	.	100			10	0,3	.	38,5		2,01	.	.	100		45,5	.		1,6
40	5,5	.	8	.	100			18	0,5	10,0	63,5	0,25	1,59	.	16	84	10,0	81,5	0,5	2,0
50	8,0	.	10	.	100			28	0,6	35,0	88,5	0,70	1,77	.	40	60	35,0	116,5	0,7	2,3
60	10,0	.	11	.	100			39	0,7	64,6	116,4	1,08	1,94	.	56	44	64,6	155,4	1,1	2,6
70	12,0	2	12	.	20	80	2	51	0,03	0,7	99,5	150,0	1,42	2,14	6	60	34	101,5	201,0	1,5	2,9
80	14,0	5	11	.	49	51	7	62	0,09	0,8	135,0	181,0	1,72	2,26	18	57	24	145,0	243,0	1,8	3,0
90	15,0	6	10	1	60	39	13	72	0,1	0,8	175,0	211,0	1,98	2,34	42	42	16	191,0	283,0	2,1	3,1
100	16,0	6	8	4	70	26	19	80	0,2	0,8	212,0	241,0	2,02	2,41	52	36	12	231,0	321,0	2,3	3,2

Walzentafel.

Länge m	Durchmesser m					Durchmesser m					Durchmesser m					Durchmesser m					Durchmesser m					Länge m
	0,06	0,07	0,08	0,09	0,10	0,11	0,12	0,13	0,14	0,15	0,16	0,17	0,18	0,19	0,20	0,21	0,22	0,23	0,24	0,25	0,26	0,27	0,28	0,29	0,30	

Kubikinhalt in Festmetern:

1		0,01	0,01	0,01	0,01	0,01	0,01	0,02	0,02	0,02	0,02	0,08	0,08	0,03	0,08	0,04	0,04	0,05	0,05	0,05	0,06	0,06	0,07	0,07	1
2	0,01	0,01	0,01	0,01	0,02	0,02	0,02	0,03	0,03	0,04	0,04	0,05	0,05	0,06	0,06	0,07	0,08	0,08	0,09	0,10	0,11	0,11	0,12	0,13	0,14	2
3	0,01	0,01	0,02	0,02	0,02	0,03	0,03	0,04	0,05	0,05	0,06	0,07	0,08	0,08	0,09	0,10	0,11	0,12	0,14	0,16	0,16	0,17	0,18	0,20	0,21	3
4	0,01	0,02	0,02	0,03	0,03	0,04	0,05	0,05	0,06	0,07	0,08	0,09	0,10	0,11	0,13	0,14	0,15	0,17	0,18	0,20	0,21	0,23	0,25	0,26	0,28	4
5	0,01	0,02	0,03	0,03	0,04	0,05	0,06	0,07	0,08	0,09	0,10	0,11	0,13	0,14	0,16	0,17	0,19	0,21	0,23	0,25	0,27	0,29	0,31	0,33	0,35	5
6	0,02	0,02	0,03	0,04	0,05	0,06	0,07	0,08	0,09	0,11	0,12	0,14	0,15	0,17	0,19	0,21	0,23	0,25	0,27	0,29	0,32	0,34	0,37	0,40	0,42	6
7	0,02	0,03	0,04	0,04	0,05	0,07	0,08	0,09	0,11	0,12	0,14	0,16	0,18	0,20	0,22	0,24	0,27	0,29	0,32	0,34	0,37	0,40	0,43	0,46	0,49	7
8	0,02	0,03	0,04	0,05	0,06	0,08	0,09	0,11	0,12	0,14	0,16	0,18	0,20	0,23	0,25	0,28	0,30	0,33	0,36	0,39	0,42	0,46	0,49	0,53	0,57	8
9	0,03	0,03	0,05	0,06	0,07	0,09	0,10	0,12	0,14	0,16	0,18	0,20	0,23	0,26	0,28	0,31	0,34	0,37	0,41	0,44	0,45	0,52	0,55	0,59	0,63	9
10	0,03	0,04	0,05	0,06	0,08	0,10	0,11	0,13	0,15	0,18	0,20	0,23	0,25	0,28	0,31	0,35	0,38	0,42	0,45	0,49	0,53	0,57	0,62	0,66	0,71	10
11	0,03	0,04	0,06	0,07	0,09	0,10	0,12	0,15	0,17	0,19	0,22	0,25	0,28	0,31	0,35	0,38	0,42	0,46	0,50	0,54	0,58	0,63	0,68	0,73	0,78	11
12	0,03	0,05	0,06	0,08	0,10	0,11	0,14	0,16	0,18	0,21	0,24	0,27	0,31	0,34	0,38	0,42	0,46	0,50	0,54	0,59	0,64	0,69	0,74	0,79	0,85	12
13	0,04	0,05	0,07	0,08	0,10	0,12	0,15	0,17	0,20	0,23	0,26	0,30	0,33	0,37	0,41	0,45	0,49	0,54	0,58	0,64	0,69	0,74	0,80	0,85	0,92	13
14	0,04	0,05	0,07	0,09	0,11	0,13	0,16	0,19	0,22	0,25	0,28	0,32	0,36	0,39	0,44	0,48	0,53	0,58	0,63	0,69	0,71	0,80	0,86	0,92	0,99	14
15	0,04	0,06	0,08	0,10	0,12	0,14	0,17	0,20	0,23	0,27	0,30	0,34	0,38	0,43	0,48	0,47	0,52	0,57	0,62	0,65	0,80	0,86	0,92	0,99	1,06	15
16											0,36	0,41	0,45	0,50	0,55	0,61	0,66	0,72	0,79	0,85	0,92	0,90	1,06	1,13		16
17											0,38	0,43	0,48	0,53	0,59	0,65	0,71	0,77	0,83	0,90	0,97	1,05	1,12	1,20		17
18											0,41	0,46	0,51	0,57	0,62	0,69	0,75	0,81	0,88	0,95	1,03	1,11	1,19	1,27		18
19											0,43	0,48	0,54	0,60	0,66	0,72	0,79	0,86	0,93	1,01	1,09	1,17	1,25	1,34		19
20											0,45	0,51	0,57	0,63	0,69	0,76	0,83	0,90	0,98	1,06	1,15	1,23	1,32	1,41		20
21											0,48	0,53	0,60	0,66	0,73	0,80	0,87	0,95	1,03	1,11	1,20	1,29	1,39	1,48		21
22											0,50	0,56	0,62	0,69	0,76	0,84	0,91	1,00	1,08	1,17	1,26	1,35	1,45	1,56		22
23											0,52	0,59	0,65	0,72	0,80	0,87	0,96	1,04	1,13	1,22	1,32	1,42	1,52	1,63		23
24											0,54	0,61	0,68	0,75	0,83	0,91	1,00	1,09	1,18	1,27	1,37	1,48	1,59	1,70		24

Länge m	Durchmesser m					Durchmesser m					Durchmesser m					Durchmesser m					Länge m
	0,31	0,32	0,33	0,34	0,35	0,36	0,37	0,38	0,39	0,40	0,41	0,42	0,43	0,44	0,45	0,46	0,47	0,48	0,49	0,50	

Kubikinhalt in Festmetern:

1	0,08	0,08	0,09	0,09	0,10	0,10	0,11	0,11	0,12	0,13	0,13	0,14	0,15	0,15	0,16	0,17	0,17	0,18	0,19	0,20	1
2	0,15	0,16	0,17	0,18	0,19	0,20	0,22	0,23	0,24	0,25	0,26	0,28	0,29	0,30	0,32	0,33	0,35	0,36	0,38	0,39	2
3	0,23	0,24	0,26	0,27	0,29	0,31	0,32	0,34	0,36	0,38	0,40	0,42	0,44	0,46	0,48	0,50	0,52	0,54	0,57	0,59	3
4	0,30	0,32	0,34	0,36	0,38	0,41	0,43	0,45	0,48	0,50	0,53	0,55	0,58	0,61	0,64	0,67	0,69	0,72	0,75	0,79	4
5	0,38	0,40	0,43	0,45	0,48	0,51	0,54	0,57	0,60	0,63	0,66	0,69	0,73	0,76	0,80	0,83	0,87	0,90	0,94	0,98	5
6	0,45	0,48	0,51	0,54	0,58	0,61	0,65	0,68	0,72	0,75	0,79	0,83	0,87	0,91	0,95	1,00	1,04	1,09	1,13	1,18	6
7	0,53	0,56	0,60	0,64	0,67	0,71	0,75	0,79	0,84	0,88	0,92	0,97	1,02	1,06	1,11	1,16	1,21	1,27	1,32	1,37	7
8	0,60	0,64	0,68	0,73	0,77	0,81	0,86	0,91	0,94	1,01	1,05	1,11	1,16	1,22	1,27	1,33	1,39	1,45	1,51	1,57	8
9	0,68	0,72	0,77	0,82	0,87	0,92	0,97	1,02	1,08	1,13	1,19	1,25	1,31	1,37	1,43	1,50	1,56	1,63	1,70	1,77	9
10	0,75	0,80	0,86	0,91	0,96	1,02	1,08	1,13	1,19	1,26	1,32	1,39	1,45	1,52	1,59	1,66	1,73	1,81	1,89	1,96	10
11	0,83	0,88	0,94	1,00	1,06	1,12	1,18	1,25	1,31	1,38	1,45	1,52	1,60	1,67	1,75	1,83	1,91	1,99	2,07	2,16	11
12	0,91	0,97	1,03	1,09	1,15	1,22	1,29	1,36	1,43	1,51	1,58	1,66	1,74	1,82	1,91	1,99	2,08	2,17	2,26	2,36	12
13	0,98	1,05	1,11	1,18	1,25	1,32	1,40	1,47	1,55	1,63	1,72	1,80	1,89	1,98	2,07	2,16	2,26	2,35	2,45	2,55	13
14	1,06	1,13	1,20	1,27	1,35	1,43	1,51	1,59	1,67	1,76	1,85	1,94	2,03	2,13	2,23	2,33	2,43	2,54	2,64	2,75	14
15	1,18	1,21	1,28	1,36	1,44	1,53	1,61	1,70	1,79	1,88	1,98	2,08	2,18	2,28	2,39	2,49	2,60	2,71	2,83	2,95	15
16	1,21	1,29	1,37	1,45	1,54	1,63	1,72	1,81	1,91	2,01	2,11	2,22	2,32	2,43	2,55	2,66	2,78	2,90	3,02	3,14	16
17	1,28	1,37	1,45	1,54	1,64	1,73	1,83	1,93	2,03	2,14	2,24	2,36	2,47	2,58	2,70	2,83	2,95	3,08	3,21	3,34	17
18	1,36	1,45	1,54	1,63	1,73	1,83	1,94	2,04	2,15	2,26	2,38	2,49	2,61	2,74	2,86	2,99	3,12	3,26	3,39	3,53	18
19	1,43	1,53	1,63	1,73	1,83	1,93	2,04	2,15	2,27	2,39	2,51	2,63	2,76	2,89	3,02	3,16	3,30	3,44	3,58	3,73	19
20	1,51	1,61	1,71	1,82	1,92	2,04	2,15	2,27	2,39	2,51	2,64	2,77	2,90	3,04	3,18	3,32	3,47	3,62	3,77	3,93	20
21	1,76	1,69	1,80	1,91	2,02	2,11	2,26	2,38	2,51	2,64	2,77	2,91	3,05	3,19	3,34	3,49	3,64	3,80	3,96	4,12	21
22	1,66	1,77	1,88	2,00	2,12	2,24	2,37	2,50	2,63	2,77	2,91	3,05	3,19	3,34	3,50	3,66	3,82	3,98	4,15	4,32	22
23	1,74	1,85	1,97	2,09	2,21	2,34	2,47	2,61	2,75	2,89	3,04	3,19	3,34	3,50	3,66	3,82	3,99	4,16	4,34	4,52	23
24	1,81	1,93	2,05	2,18	2,31	2,44	2,58	2,72	2,87	3,02	3,17	3,33	3,49	3,65	3,82	3,99	4,16	4,34	4,53	4,71	24

117*

Anlage 3.

Beispiel einer Hau-Ordnung.

A. Holzhauer-Ordnung.

§ 1.

Annahme der Holzhauer.

Die Annahme der Holzhauer geschieht durch den Forstbeamten. In der Regel sind die Holzhauer nur mündlich zu dingen, wobei sie, mit Vorbehalt jederzeitiger Entlassung, zur Ausführung der Holzwerbungsarbeiten nach Vorschrift der Hau-Ordnung für die ihnen bekannt zu machenden Lohnsätze zu verpflichten sind.

Der Forstbeamte kann jeden Holzhauer zu jeder Zeit entlassen.

Es ist darauf zu halten, daß nur Männer von gutem Rufe als Holzhauer angestellt werden.

§ 2.

Bildung der Holzhauerschaften.

In der Regel bilden sämtliche Holzhauer eines Schutzbezirks eine Holzhauerschaft.

Es wird für dieselbe durch den Forstbeamten entweder ein Holzhauermeister bestellt, oder die Holzhauerschaft wählt, wo ein solcher nicht bestellt ist, mit Genehmigung des Forstbeamten aus ihrer Mitte einen zuverlässigen Holzhauer, der die zur Verlohnung des Holzes erforderlichen Gänge macht und das Lohn an die Holzhauer verteilt.

§ 3.

Bildung der Holzhauerrotten.

Die Holzhauerschaft teilt der Forstbeamte in Rotten, deren jede nach dem Umfange und der Art der Schläge zwei bis sechs Mann stark bestimmten, selbständigen Arbeitsanteil zur Ausführung für gemeinschaftlichen Lohn überwiesen erhält.

Die Aufsicht über die Rotte wird vom Forstbeamten einem Holzhauer derselben übertragen (Rottenführer).

Jede Rotte wird von dem Forstbeamten gelegentlich ihrer Einstellung sowohl mit den Bestimmungen dieser Ordnung und mit den besonderen Schlagbestimmungen, wie auch mit der jedem Schlage zukommenden Werbungslohntaxe bekannt gemacht.

§ 4.

Allgemeine Verpflichtungen der Holzhauer.

Die Holzhauer sind dem Forstbeamten in allem, was die übernommene Waldarbeit betrifft, unbedingten Gehorsam schuldig. Auch den Anordnungen des Holzhauermeisters bezw. des Rottenführers müssen sie bei der Waldarbeit pünktlich Folge leisten. Bei der Aufmessung, Numerierung und Abnahme haben sie dem Forstbeamten behilflich zu sein.

Den Holzhauern ist es bei Vermeidung strafrechtlicher Verfolgung und sofortiger Entlassung unbedingt untersagt, irgend welche Nutzungen im Walde selbst oder durch ihre Angehörigen sich anzueignen, die ihnen nicht gegen vorherige Bezahlung vom Forstbeamten angewiesen sind.

Jede Rotte hat das für sie erforderliche Handwerkzeug (Äxte, Sägen, Schlägel, Keile u. s. w.) aus eigenen Mitteln zu beschaffen. Das zu den Äxten, Sägen, Schlägeln und Keilen erforderliche Holz kann unter der Bedingung der Verwendung zu dem bestimmten Zweck für die Taxe des Brennholzes, aufgearbeitet nach Raummetermaß, käuflich überlassen werden. Jede eigenmächtige Entnahme dieser, sowie irgend welcher anderen Hölzer fällt der strafrechtlichen Verfolgung anheim.

Die Holzhauer müssen insbesondere den Forstdiebstahl in den Revierteilen, wo sie beschäftigt sind, thunlichst zu verhindern suchen und den Forstbeamten von bemerkten Forst- und Jagdvergehen Anzeige machen.

§ 5.

Holzhauermeister und dessen Verpflichtungen.

Der Holzhauermeister, sowie der Rottenführer haben auf Zucht und Ordnung in der Holzhauerschaft bezw. Rotte zu halten; ersterer besorgt die Abrechnung über den von den einzelnen Rotten verdienten Lohn und hat darüber zu wachen:

1. daß jeder Holzhauer auf die Verhütung von Unglücksfällen und Beschädigungen möglichst bedacht ist,
2. daß ohne dringende Veranlassung und namentlich bei warmer, trockener und windiger Witterung kein Feuer im Schlage angezündet und unterhalten wird,
3. daß das unentbehrliche Feuer auf nicht gefährlichen Stellen angelegt, nur mit geringen Reisern und Abfällen unterhalten wird und mit sonstigen brennbaren Gegenständen der Umgebung, Holz, Gras, Moos, Laub, Heide und dergleichen, nicht in Berührung kommt,
4. daß jedes Feuer von den Holzhauern nach Erfüllung seines Zweckes und jedenfalls vor dem Verlassen des Schlages sorgfältig und vollständig gelöscht wird.

Der Holzhauermeister erhält für die ihm in dieser Eigenschaft obliegenden Leistungen außer dem selbst verdienten Hauerlohn eine von dem Forstbeamten je nach den obwaltenden Verhältnissen und nach Maßgabe seiner besonderen Bemühungen in und außer den Schlägen festzusetzende Entschädigung.

Dieselbe beträgt für jede volle Mark der angewiesenen und nach Abzug der Kranken-, Invaliditäts- und Altersversicherungs-Beiträge den Holzhauern verbleibenden Löhne in der Regel drei Pfennige bis höchstens fünf Pfennige. Diese Beträge sind bei der Auszahlung der Löhne an die Holzhauer von ihm in Abzug zu bringen.

Für diese Entschädigung ist der Holzhauermeister verpflichtet, ohne weitere Vergütung

1. bei Abgrenzung, Auszeichnung und Abschätzung der Schläge, bei Bezeichnung der Schlaggrenzen, der einzelnen Lose, sowie der zu fällenden oder überzuhaltenden Stämme die nötigen Hilfeleistungen zu übernehmen,
2. dem Forstbeamten bei der Aufnahme, der Numerierung und sonst üblichen Be- zeichnung der eingeschlagenen Hölzer behilflich zu sein,
3. die Hilfeleistungen bei Abnahme der Schläge oder bei Nachzählung der Bestände zu übernehmen,
4. die von den Forstbeamten in Empfang zu nehmenden Hauer 2c. Lohnzettel der Forstkasse zur Zahlung nebst den Quittungskarten der Arbeiter über die Invaliditäts- und Altersversicherung zu überbringen, die Löhne bei der Kasse gegen Quittung abzuheben und an die Holzhauer unter Kontrolle des Forstbeamten zu verteilen.

§ 6.

Disziplin über die Holzhauer.

Zur Aufrechterhaltung der erforderlichen Disziplin unter den Holzhauern steht dem Forst- beamten die Befugnis zu, sowohl gegen den Holzhauermeister, als auch gegen jeden Holzhauer Ordnungsstrafen bis zum Betrage von 3 Mk. für jeden einzelnen Fall der Unordnung, Un- redlichkeit oder des Ungehorsams zu verfügen und vom Lohn zurückbehalten zu lassen, sofern nicht die sofortige Entlassung geboten erscheint. Alle Strafgelder fließen in die Forstkasse.

B. Holzfällung.

§ 7.

Auszeichnung der Schläge.

Jeder zur Fällung bestimmte, auf Brusthöhe 14 cm und mehr im Durchmesser haltende Stamm wird vom Forstbeamten angeschalmt und möglichst auch mit dem Waldhammer an= geschlagen, und zwar in Brusthöhe und am Wurzelstocke so tief, daß der Anschlag erhalten bleibt, wenn der Stamm abgesägt oder abgehauen wird.

Eine Ausnahme hiervon tritt bei den Schlägen ein, wo mehr Stämme gehauen werden, als stehen bleiben, oder beim kahlen Abtriebe, wo nur die stehen bleibenden bezw. die den Schlag begrenzenden Bäume durch leichtes Anschalmen (Rölßen) der abgestorbenen Rinde bezeichnet werden. In den Durchforstungs=, Läuterungs= und Reinigungsschlägen, wo die Aus= zeichnung jedes einzelnen zu hauenden Stammes nicht thunlich ist, wird der Forstbeamte eine oder mehrere Probeflächen im Beisein des Holzhauermeisters bezw. des Rottenführers durch Anschalmen oder Anreißen der einzuschlagenden Hölzer speciell auszeichnen und dabei die nötige Anweisung für die weiter durch den Holzhauermeister oder die Rottenführer zu be= wirkende Auszeichnung erteilen.

§ 8.

Anlegung der Holzhauer und Teilung der Schläge in Lose.

Die Holzhauer dürfen nur an den Punkten arbeiten, wo sie von dem Forstbeamten an= gelegt sind.

Alle Schläge, wo mehrere Rotten arbeiten, sind so in Lose zu teilen, daß die Holzhauer ungehindert und ohne Gefahr nebeneinander arbeiten und möglichst gleichen Verdienst erlangen können, an steilen Berghängen also nebeneinander, niemals untereinander. Wo die Rotten annähernd gleiche Leistungsfähigkeit und Geschicklichkeit besitzen, sind die Lose so zu bilden, daß jedes thunlichst gleiche Hiebsmasse enthält. Die Verteilung an die einzelnen Rotten ist möglichst im Wege der Verlosung zu bewirken. Ist die Zahl der Holzhauer bezw. der Rotten zu groß, um in demselben Schlage beschäftigt zu werden, so sind sie in möglichst nahe bei einander liegenden Schlägen zu beschäftigen, damit die Beaufsichtigung erleichtert wird.

Auch die Zuteilung der Schläge ist in diesem Falle möglichst durch das Los zu bewirken, soweit nicht etwa der Wohnort der Holzhauer eine andere Verteilung zweckmäßig erscheinen läßt.

§ 9.

Beaufsichtigung der Schläge.

Der Holzhauermeister bezw. der Rottenführer ist für alle in seinen Schlägen vor= kommenden Unregelmäßigkeiten dem Forstbeamten in erster Linie verantwortlich und daher verpflichtet, an jedem Arbeitstage alle Arbeiter persönlich zu überwachen.

Der Forstbeamte wird jeden Schlag alltäglich, wenn es erforderlich ist, auf längere Zeit und mehrmals, revidieren und die dabei entdeckten Unregelmäßigkeiten oder Mißgriffe sofort abstellen.

§ 10.

Allgemeine Fällungsregeln.

Wer einen nicht zur Fällung bestimmten Stamm haut, hat eine vom Forstbeamten nach seinem Ermessen festzusetzende Ordnungsstrafe (§ 6) bis zum Betrage von 1 Mk. für jeden Stamm verwirkt.

Bei starkem Frost ohne Schnee soll da, wo Anschlag oder Anflug unter den Stämmen sich findet, namentlich also in den Samenschlägen, keine Fällung vorgenommen, auch soll alsdann anderwärts thunlichst kein starker Nutzstamm gefällt werden. Es ist beim Eintritt solchen Frostes vielmehr das bereits gefällte Holz vorschriftsmäßig aufzuarbeiten oder ein anderer Schlag, namentlich ein Durchforstungshieb, zu beginnen.

Sollen Brücher zum Hiebe gelangen, die nur bei Frost zu betreten sind, so ist bei Eintritt des letzteren jeder Hieb in anderen Schlägen sofort auszusetzen, und sind die Bruchschläge möglichst mit sämtlichen Holzhauern in Angriff zu nehmen. Hierbei ist namentlich darauf zu achten, daß alles Holz noch an demselben Tage, an dem es geschlagen ist, auf den Höhenboden herausgerückt wird.

Alle in ein und demselben Schlage angestellten Rotten rücken mit dem Fällen in möglichst gleicher Linie vor, an Berghängen von unten nach oben.

Es ist besonders darauf zu sehen, daß der gefällte Stamm unbeschädigt zur Erde kommt, und daß durch das Fällen den stehen zu lassenden Stämmen und dem Aufschlag möglichst wenig Schaden geschieht. Es darf daher kein Stamm über Erhöhungen, Gräben oder Vertiefungen, auf Steine, Holzstöße oder andere Stämme oder gegen stehende Stämme geworfen werden; auch ist bei Berghängen der Stamm möglichst bergauf zu fällen. Ist es nicht zu vermeiden gewesen, einen Baum in junge Wüchse zu werfen, so müssen sogleich alle Äste und Anstummel dicht am Schaft weggenommen und beiseite geschafft werden, wobei der Anwuchs möglichst zu schonen ist.

§ 11.

Besondere Fällungsregeln.

a) Im Mittel- und Niederwalde.

Im Mittelwalde wird zuerst das Unterholz gehauen; dieses, wie das Schlagholz überhaupt, ist nur mit ganz scharfen Äxten, Beilen oder Hippen zu hauen und die Anwendung der Säge, abgesehen von älteren Erlenbeständen, nicht statthaft. Der Hieb ist in der Regel möglichst tief, schräg von unten nach oben zu führen, und ist besonders darauf zu sehen, daß die Stöcke nicht splittern und aufreißen. Schwarzerlen und solche Holzarten, die nur vom Stocke ausschlagen, dürfen jedoch nicht „aus der Pfanne gehauen" werden: es muß also bei ihnen ein Teil des Stammes oberhalb des Wurzelknotens stehen bleiben. In Erlenbrüchern, die im Frühjahre regelmäßig längere Zeit unter Wasser stehen, müssen die Stöcke so hoch gehauen werden, daß sie aus dem Wasser herausragen. Im übrigen wird der Forstbeamte in jedem einzelnen Falle über die Art des Hiebes und namentlich darüber Bestimmung erteilen, ob im jungen oder alten Holze zu hauen ist.

b) Im Hochwalde.

Alle Stämme von 14 cm und mehr in Brusthöhe sind in der Regel mit Art und Säge zu fällen. Schwache, also etwa bis 45 cm messende Stämme werden unmittelbar über dem Boden und senkrecht auf die gewählte Fallrichtung soweit eingeschnitten, bis der Schnitt klemmt; dann wird die Säge herausgezogen, die Fallkerbe auf der Fallseite mit der Art gehauen und ein in den Sägeschnitt gestellter Keil so lange angezogen, bis der Stamm fällt.

Bei stärkeren Stämmen wird dagegen die Fallkerbe zuerst ebenfalls unmittelbar am Boden und bis zur Höhe von 25 cm eingehauen und die Säge durch Einsetzen und Anziehen mehrerer Keile so lange, bis der Stamm zum Fallen sich neigt, freigehalten, dann aber rasch über die losen Keile oder mit denselben herausgezogen.

Je mehr ein Stamm vorwärts, d. h. in der gewählten Fallrichtung, hängt, um so vorsichtiger ist zu teilen, damit derselbe nicht spaltet oder wohl gar abbricht und Gefahr bringt. Ist derselbe rückwärts geneigt, so muß weniger tief eingeschnitten, stärker geteilt und tiefer vorgehauen werden, um die gewählte Fallrichtung zu erzwingen.

Die vorlaufenden Wurzelrücken können vorerst abgehauen werden, um dadurch den Sägeschnitt freier und schmaler und die Arbeit leichter und sicherer zu machen. Bei stärkeren Stämmen dürfen die Stöcke bis zu einem Dritteil ihres Durchmessers, jedoch nicht über 25 cm hoch, über dem Boden gemacht werden. Wenn stehend gerodet wird — was in Kahlschlägen dort, wo das Stockholz gut absetzbar und die Zahl der Holzhauer eine hinlänglich große ist, um die Nutzholzschläge hinreichend früh fertig zu stellen, als Regel zu betrachten ist   werden die Stämme nach Freilegung und Abtrennung der Hauptwurzeln und Aufgrabung des Wurzel= stocks mit dem Seilhaken in die Fallrichtung gezogen. Bei stehend gerodeten Stämmen wird der Stock unmittelbar am Wurzelknoten vom Stamm abgesägt.

In Lichtschlägen ist in der Regel nicht zu roden.

Die beim Roden und Zerkleinern der Stöcke erforderlichen Hebebäume können den Holz= hauern aus Durchforstungen ꝛc. zwar unentgeltlich überwiesen werden, dieselben sind jedoch nach Beendigung des Rodens vorschriftsmäßig mit aufzuarbeiten.

Wird die Entästung breitkroniger Waldbäume oder sonstiger Stämme ausdrücklich ange= ordnet, so darf dieselbe nur bei trockener, gelinder, windstiller Witterung ausgeführt und weder auf den Gipfel, noch auf solche Äste, deren Abhieb Gefahr bringen könnte, ausgedehnt werden. Wo die zu Krummhölzern geeigneten Äste am stehenden Stamm weggenommen werden sollen, sind dieselben, um das Einsplittern zu verhüten, zunächst auf der Unterseite bis auf mindestens $1/2$ ihrer Stärke und möglichst dicht am Stamm einzukerben und dann erst von oben anzuhauen oder zu sägen. Die zur Besteigung der Bäume erforderlichen Seile und Steigeisen sind vor dem Gebrauch vom Forstbeamten sorgfältig zu prüfen. Die bei dem Fällen solcher Wald= rechter beschädigten Stangen und Gerten dürfen nur auf ausdrückliche Anordnung des Forst= beamten abgehauen werden. Die für denselben Wald etwa noch besonders vorgeschriebene Durchforstung oder Läuterung des Stangen= oder Gertenholzes erfolgt unter allen Umständen erst nach dem Aushiebe der Waldrechter.

Im Reinigungs= und Durchforstungshiebe ist als Hauptregel zu beachten, daß der volle Kronenschluß erhalten und in zweifelhaften Fällen ein noch nicht völlig überwipfelter und unterdrückter Stamm stehen gelassen wird. Jedem derartigen Hiebe muß, soweit dazu Gelegen= heit vorhanden, eine vom Forstbeamten speciell anzuordnende Freistellung der gedrängt stehenden, wüchsigen Eichen=, Ahorn=, Eschen= ꝛc. Stangen bezw. Gerten vorausgehen.

Bei Läuterungshieben ist auf Schonung der zu erhaltenden Holzarten besondere Vorsicht zu verwenden.

In den zu durchforstenden Orten sind die Stöcke niemals zu roden.

§ 12.

Vermeidung besonderer Gefahren beim Fällen.

Die zu seiner eigenen Sicherheit erforderlichen Vorsichtsmaßregeln beim Holzfällen muß jeder Holzhauer selbst kennen; es ist daher nur auf die Fälle hinzuweisen, wo anderen durch das Verfahren eines Dritten Gefahr entstehen kann.

Die Holzhauer sind besonders auf folgendes aufmerksam zu machen:

1. beim Fällen eines Baumes müssen die dieses Geschäft verrichtenden Holzhauer die im Umkreise des zu fällenden Baumes befindlichen Personen rechtzeitig zur Entfernung veranlassen;

2. bei Sturmwinden ist das Fällen und Roden starker Stämme unbedingt gefährlich und ganz auszusetzen;

3. während des Fällens der, öffentliche Wege begrenzenden Stämme muß durch aufgestellte Wachen für die Sicherheit des Verkehrs gesorgt werden, und ist die sofortige Wiedereinräumung des Weges, nötigenfalls mit Zuhilfenahme aller in der Nähe arbeitenden Holzhauer, zu veranlassen;

4. wenn neben einer Telegraphenleitung ein Schlag geführt und in einzelnen Fällen ein Überfallen einzelner Stämme auf dieselbe unvermeidlich ist, so hat der Forst= beamte der Telegraphen Verwaltung vorher Mitteilung zu machen und dieselbe um Niederlegung des Drahtes für eine, nach Möglichkeit abzukürzende Zeit zu ersuchen;

5. in seinem Schlage dürfen angerodete, angehauene oder angesägte Stämme verlassen werden oder über Nacht stehen bleiben;

6. der Aufenthalt in den Schlägen ist nur dem Forstbeamten, den Holzhauern und deren Angehörigen, letzteren nur während der Eisenszeit, gestattet.

Die in vorstehenden Beziehungen säumigen Holzhauer sind zu verwarnen oder in Ordnungsstrafe zu nehmen und, wenn letzteres nicht fruchtet, zu entlassen.

C. Holzzurichtung, Sortierung und Aufsetzen.

§ 13.
Holzzurichtung im allgemeinen.

Die Trennung, Sortierung und Formung der einzelnen Stammteile erfolgt jederzeit nach dem Grundsatz der größten allgemeinen Brauchbarkeit und der besten Verwertung; sie richtet sich nach den jeweiligen Absatzverhältnissen, der Beschaffenheit der Hölzer und nach anderen Einflüssen. Es muß daher das Bestreben darauf gerichtet sein, möglichst viel und möglichst wertvolles Nutzholz auszuhalten.

Es ist mit Strenge darauf zu halten, daß kein Lang- und Schichtnutzholz und kein zu irgend einem besonderen Gebrauche geeignetes und gesuchtes Stück Holz zu Brennholz auf gearbeitet wird.

Die Beschaffenheit des Holzes allein giebt jedoch nicht die Entscheidung darüber, ob dasselbe als Nutz- oder als Brennholz auszuhalten und aufzuarbeiten ist, es ist vielmehr auch die Möglichkeit des Absatzes dabei in Betracht zu ziehen. Es wird daher der Fall häufig vorkommen, daß in einem Revier noch Stämme und Stöcke als Nutzholz verwertet werden können, die in einem anderen Revier nicht mehr Absatz finden, so daß sie ins Brennholz geschlagen werden müssen.

Zum Nutzholz gehören:
> das Langnutzholz (Stämme und Stangen), das Schichtnutzholz (Scheit-, Knüppel-, Reisig-), mehrere kleine Sortimente und Nutzrinde.

Zum Brennholz gehören:
> Kloben- (Scheit-), Knüppel-, Stock- und Reisigholz und Brennrinde.

Die zu Klobenholz aufzubewahrenden Rundstücke haben einen Durchmesser über 14, die Knüppel über 7 bis mit 14 cm am oberen Ende und das Reisig bis mit 7 cm am unteren Ende.

§ 14.
Sortierung der Nutz- und Brennhölzer.

1. Langnutzholz. Zu dem Langnutzholz gehören zunächst die Stämme, d. h. Abschnitte von Stämmen und Ästen, welche, bei 1 m oberhalb des unteren Endes gemessen, über 14 cm Durchmesser haben. Die weitere Einteilung der Stämme in Wahlholz, Schneideholz-, gewöhnliche Rundholz-Stämme 2c. ergiebt die Holztaxe.

Sobald ein Stamm durch Fällen oder Roden zur Erde gebracht ist, haben die Holzhauer alle grünen und trockenen Äste dicht am Stamm durch glatten, von unten nach oben zu führenden Hieb abzuhauen, stärkere Äste aber abzusägen. Nur an stärkeren Eichen werden die zu Schiff- und Kahnknieen geeigneten Äste nicht entfernt, sondern so weit belassen, als sie zu solchen Knieen tauglich sind. Bei den stehend gerodeten Stämmen wird demnächst der Wurzelstock unmittelbar am Wurzelknoten abgesägt.

Bei den lediglich mit der Säge abgetrennten Stämmen ist (bei schiefem Schnitte) die Länge von der am meisten nach oben zu liegenden Seite des Sägeschnitts, bei den allein oder zum Teil mit der Axt gefällten Stämmen von der Mitte des Hiebstammes aus zu messen. Dieser Meßpunkt ist durch einen leichten Sägeschnitt zu bezeichnen.

Der Forstbeamte mißt den Stamm von diesem Punkte aus in der Art auf, daß alle 2 m ein leichter Sägeschnitt in der Rinde gemacht wird, und bestimmt den Punkt, wo der Wipfel abgeschnitten wird.

Den Holzhauern ist es aufs strengste untersagt, einen Stamm ohne vorgängige specielle Bestimmung des Forstbeamten abzuschneiden, nachträglich zu kürzen oder gar zu Brennholz aufzuarbeiten.

Die Länge, bei der die Stämme abgeschnitten werden, richtet sich nach der Form, Beschaffenheit und Gebrauchsfähigkeit des einzelnen Stammes. Im allgemeinen gilt als Regel, die dem Bauholze angehörigen Stämme an den Stellen, wo der Stamm stark abfällt oder tiefgehende Fehler zeigt, von dem oberen Stammteile abzutrennen, die übrigen Stämme dagegen, soweit sie Nutz- und Werthholz liefern, äußersten Falls bis zur Zopfstärke von 7 cm liegen zu lassen.

Die Gewährung eines Übermaßes in der Länge ist nicht statthaft.

Nutzholzstangen sind solche Langnutzhölzer, die bei 1 m, oberhalb des unteren Endes gemessen, bis 14 cm einschl. Durchmesser haben.

Alle Nutzholzstangen werden in der Regel in ihrer ganzen Länge belassen, die Äste jedoch, wenigstens bei den ersten fünf Klassen, entfernt. Die Klassifizierung der Stangen erfolgt nach den Bestimmungen der Holztaxe.

Zur Bezeichnung jedes Loses von Derbstangen (über 7 bis 14 cm Durchmesser) nach Nummer, Zahl und Klasse wird eine Platte an einer oben aufliegenden Stange gemacht, bei den Reisstangen (bis 7 cm Durchmesser) und den übrigen kleinen Nutzsortimenten wird ein Pfahl mit einer Platte vor oder neben das Los eingeschlagen.

Die nach Hunderten zu verrechnenden Reisstangen (Klasse IV–VIII) sind zu je zehn Stück durch ein Querholz zu trennen.

2. Schichtnutzholz. Die als Langnutzholz nicht verwertbaren, aber zu besonderen Gebrauchszwecken geeigneten Schaftstücke werden zu Schichtnutzholz aufgearbeitet. Man verwendet zu Nutzlobenholz starke, glattspaltige Schaftstücke, welche ganz oder teilweise gesund und fehlerfrei sind und zu Böttcherwaren und anderem Werthholze geeignete Scheite geben.

Das Klobennutzholz ist in der Regel gröber als das Klobenbrennholz auszuspalten und kann eine Schnenkante bis zu 40 cm erhalten; auch ist es bei diesem Sortimente zulässig, die Länge der mit der Axt gekürzten Stammkloben auf der kürzesten Seite zu berechnen, also den Axtkamm zuzugeben.

Ferner bestimmt man zu Nutzknüppelholz gerade, nicht sehr abfallende Zopfenden, Stangenabschnitte und Äste, welche zu Pfählen, kleinerem Geschirrholze und anderen Zwecken geeignet sind; und zu Nutzreisig das zu Faschinen, Erbsruten, Besen, Bandweiden, Peitschenstielen ꝛc. häufig sehr gesuchte, schwächere Holz.

Alles Schichtnutzholz wird in denjenigen Längen, in denen es den größten Gebrauchswert besitzt, ausgehalten und wie das Schichtbrennholz raummeterweise aufgesetzt und verlohnt.

3. Brennholz. Das oberirdische Brennholz wird nach dem Durchmesser im runden Zustande eingeteilt in:

Kloben- oder Scheitholz, das am oberen Ende über 14 cm Stärke,
Knüppelholz, das am oberen Ende über 7 bis mit 14 cm Stärke,
Reisigholz, das, 1 m vom unteren Ende ab gemessen, bis mit 7 cm Stärke hat.
Scheit und Knüppelholz gehören zum Derbholze.

Das Derbbrennholz und Reisig I. Klasse erhält in der Regel eine Länge von 1 m; wo jedoch aus dem Scheitholze gewöhnlich auch Nutzholzscheite ausgesondert werden, wie insbesondere bei Eichenholz, ist auch dem Brennscheitholz durchweg die übliche Länge der Nutzholzscheite zu geben.

Die Brennscheite werden durch Spaltung der Stammstücke gewonnen, wobei die einzelnen Scheite am oberen Ende eine Schnenlänge von 14 bis 25 cm je nach der Stärke der Spaltstämme erhalten.

Alle faulen oder anbrüchigen Scheite sind in der Regel in besonderen Stößen anzusetzen. (Anbruchholz +.)

Auch die großen, sehr schwer spaltbaren und knorrigen Scheite, sowie die unförmlichen, knotigen und ganz unspaltigen Rundstücke müssen da, wo sie nicht ganz vereinzelt vorkommen, von dem glatten Scheitholze ausgeschieden und besonders aufgeschichtet werden. (Knorrholz.)

Das Knüppelholz wird im runden Zustande aufgearbeitet; jedoch ist es auch gestattet, die Knüppel da, wo dies üblich, insbesondere auch da, wo es längere Zeit im Walde stehen bleiben wird, zu spalten.

Alles zum Derbholz gehörige Schichtnutz- und Brennholz muß unbedingt und ausschließlich mit der Säge in die einzelnen Längen geteilt werden.

Das Brennreisig I. Klasse wird ausgeputzt in Längen von 1 m, und zwar in den Durchforstungen mit der Säge gekürzt und wie das Knüppelholz aufgeschichtet; alles übrige Reisig wird so, wie es mit der Axt abgehauen worden ist, also ungekürzt und ungeputzt, zwischen Pfähle auf Haufen gebracht, soweit es des Absatzes wegen nicht etwa unausgearbeitet verkauft oder den Raff- und Leseholzsammlern überlassen wird.

Das Stockholz muß von Erde und Steinen gereinigt und wie das Scheitholz aufgespalten werden.

Wenn die Anwendung von Pulver zum Sprengen des Stockholzes notwendig wird, so haben die Holzhauer hiervon dem Forstbeamten zuvor Anzeige zu machen und dessen Genehmigung und Anweisung einzuholen.

§ 15.

Instrumente der Holzhauer zum Holzmessen.

Jede Holzhauerrotte muß

1. eine 2 m lange Stange, auf der die den Holzstößen zu gebende Länge und Höhe nebst dem etwa zu gewährenden Übermaß eingekerbt ist.
2. je ein Maß für die Länge des Schichtnutzholzes und des Brennholzes, an dessen einem Ende sich ein rechtwinkelig abgehender Anhalen befindet, der beim Abmessen an die Schnittfläche gelegt wird, haben.

Der Forstbeamte hat von Zeit zu Zeit die Maße der Holzhauer zu prüfen und ist für deren Richtigkeit verantwortlich.

§ 16.

Aufsetzen des Schichtnutzholzes und Brennholzes.

Hierbei ist folgendes zu beobachten:

a) Die Holzstöße und -Haufen sind möglichst in gerader Linie, jedoch derartig, daß mindestens 1 m Zwischenraum zwischen den Reihen bleibt, aufzusetzen.

b) Es sind immer volle Raummeter zu setzen; das Aufsetzen von Bruchteilen ist nur in solchen Fällen zulässig, wo solche am Berechtigte abzugeben sind.

c) Alle Scheit- und Knüppelholzstöße müssen auf der Vorder- und Hinterseite ein und dieselbe Höhe haben; an Bergwänden ist die Höhe senkrecht auf die Neigungslinie des Hanges zu nehmen.

Die Höhe der Schichtstöße beträgt bei jeder Länge der Kloben bezw. Knüppel 1 m. Dieselbe Höhe erhalten die Reisighaufen. Nur dort, wo es an ausreichendem Platz zum Aufsetzen fehlt, kann den Stößen eine Höhe bis zu 1,5 m gegeben werden.

Das bei dem Aufsetzen, und zwar bei dem Schichtholze, etwa zu gewährende Schwind-Übermaß wird von dem Forstbeamten für jeden einzelnen Schlag und jedes Sortiment bestimmt.

Das überhaupt zulässige Übermaß beträgt:

für das Schichtholz	. . . .	. . . .	4 cm
„ Haufenreisig II. Klasse			8 „
„ „ III. „		. . .	16 „
„ „ IV. „		. . . .	32 „

pro Meter Höhe.

d) Alle Holzstöße, ausschließlich der Reisighaufen II. bis IV. Klasse und des Stockholzes, müssen auf Unterlagen gesetzt werden, damit die untersten Scheite oder

12*

Knüppel nicht unmittelbar auf der Erde liegen. Zu den Unterlagen, die quer unter den Stoß in zwei Reihen gelegt werden, sind schwache, event. einmal aufzuklöbende Stangen oder in Ermangelung derselben ganz schwache Scheite, die dazu beim Setzen besonders abgespalten werden können, zu verwenden.

e) Alle Brennholz, sowie die Schichtnutzholzstöße sind zwischen je 2, auf jeder Seite möglichst tief in den Boden einzuschlagende, 10 cm über Stoßhöhe abzusägende Pfähle, die in Ermangelung geeigneter Rundhölzer aus glattspaltigem schwachen Scheitholze auszuspalten sind, zu setzen und mit diesen Pfählen durch Wieden oder gabelförmige Zweige je zweimal zu verankern.

An stehende Bäume darf das Holz nicht angelehnt werden.

f) Das Aufsetzen der Hölzer muß so erfolgen, daß der Stoß auf der vorderen Seite eine glatte, ebene Fläche und auf allen Punkten eine möglichst gleichmäßige Dichtigkeit zeigt.

Es ist daher zu vermeiden, die Scheite ebenso, wie sie gespalten wurden, wieder zusammenzulegen, die Seitenwände ausschließlich mit den Breitseiten der Scheite zu formieren, die knotigen Scheite und Knüppel in das Innere des Stoßes zu bringen und die durch fehlerhaftes Setzen entstandenen Zwischenräume mit kurzen Holzstücken auszufüllen. Die Oberfläche des Holzstoßes ist thunlichst auszugleichen; bei Scheitnutzholz ist dies jedoch nicht erforderlich. Aus der Mitte der Vorderseite in etwa $^2/_3$ der Höhe muß ein stärkeres Stück mit gerader Schnittfläche etwa 10 cm weit hervorragen, um hierauf später die Nummer anzubringen.

g) Das Stockholz ist stets wagerecht, wie das Scheitholz, einzusetzen, nicht aufrecht zu stellen. Die in den Stockholzstößen befindlichen Lücken sind möglichst sorgfältig mit kurzen Wurzelstücken auszufüllen.

h) Das möglichst dicht in Hausen gelegte Reisig II., III. und IV. Klasse muß gehörig festgetreten werden. Bei der Ermittelung der Länge bezw. des Raumgehalts der Hausen werden die äußersten lockeren Zweigspitzen bis auf 1 m Länge unberücksichtigt gelassen.

§ 17.
Ordnung in den Schlägen.

Die Aufarbeitung des Holzes soll mit dem Fällen möglichst gleichen Schritt halten. Das Schicht-, Stock- und Reisigholz ist sogleich an die von dem Forstbeamten bezeichneten Stellen zu bringen und hier aufzusetzen. Einzelne Brennholzstücke dürfen im Schlage nicht umherliegen, sondern müssen mindestens jeden Abend in Hausen gelegt und thunlichst am nächsten Tage eingesetzt werden.

Die Stocklöcher sind unmittelbar, nachdem der Stock aus der Erde herausgebracht ist, wieder vollständig zuzufüllen und von Grund auf gehörig festzutreten.

D. Aufmessung und Numerierung.

§ 18.
Aufmessung der Bau- und Nutzhölzer.

Das in Stämmen und Abschnitten auszuhaltende und kubisch zu berechnende Bau- und Nutzholz wird vom Forstbeamten aufgemessen, und muß der Holzhauermeister bezw. der Rottenführer hierbei behilflich sein.

Die Länge ist, abgesehen von besonders wertvollen Stücken, in der Regel so auszuhalten, daß sie mit vollen Metern abschließt. Eine außer Berechnung bleibende Zugabe in der Länge ist in keinem Falle statthaft.

Der Durchmesser wird durch die Kluppe in der halben Länge des Stammes ermittelt. Die Stelle, wo die Messung stattgefunden, ist durch Schalme oder sonstwie zu bezeichnen. In der Regel erfolgt die Messung einschließlich der Rinde, nur wo die Stämme bereits abgeborkt sind, kann hiervon abgesehen werden. Die Messung geschieht, besonders bei breit gewachsenen Stämmen, kreuzweise, und wird aus beiden Messungen das Mittel genommen. In Anrechnung kommen nur volle Centimeter. Befindet sich auf der halben Länge des zu messenden Stückes ein hervorragender Ast oder Wulst, so ist der Durchmesser gleich weit ober- und unterhalb von der Mitte zu messen und aus beiden Messungen das Mittel zu nehmen. Bei Schiffs- und Mahlknieen werden die beiden Schenkel besonders aufgemessen, jedes Stück bekommt demnächst jedoch nur eine Nummer.

§ 19.
Numerierung.

Ist das vorgeschriebene Holzquantum annähernd erreicht und der Schlag vorschrifts-mäßig aufgearbeitet und aufgemessen, so wird die vollständige Aufnahme der Schlagergebnisse mittels Numerierung, Aufnahme und Eintragung der Hölzer in das Nummerbuch unter Zuziehung des Holzhauermeisters oder der Rottenführer oder sonst eines Holzhauers aus jeder Rotte durch den Forstbeamten bewirkt.

Jeder planmäßige Schlag erhält für sich eine besondere, sowohl beim Nutzholz als beim Brennholz je mit 1 beginnende Nummerfolge; es wird zunächst das Eichenholz, demnächst das Buchenholz (Ahorn, Eichen 2c.), dann das Birken-, Erlen-, Aspen, Weiden, Kiefern, Lärchen-, Fichten- und Tannenholz numeriert; innerhalb jeder Holzart folgen die Sortimente (beim Nutzholz: Langholz, Stangen, Faschinen, Schichtnutzholz 2c.; beim Brennholz: Klobenholz, Knüppel, Stockholz, Reisig I., II., III., IV. Klasse 2c.) hintereinander, nicht durcheinander.

Dagegen findet ein tarklassenweises Numerieren des Schneide- und Bauholzes nicht statt.

Um die Berechnung des von den einzelnen Rotten verdienten Lohnes zu erleichtern, empfiehlt es sich, wenigstens in größeren Nutzholzschlägen, das Langholz für jede Rotte fort-laufend zu numerieren.

Die ganze Totalität erhält jedoch nur eine, für Nutzholz und für Brennholz je mit 1 beginnende, durch den ganzen Schutzbezirk laufende Nummerfolge. Bei der Totalität ist das Holz so, wie es bei der Aufnahme liegt, fortlaufend zu numerieren und eine Numerierung in der Reihenfolge der Holzarten und Sortimente nicht erforderlich; dagegen ist jede Wirt-schaftsfigur für sich abgeschlossen zu numerieren und abzuschließen.

In dem Nummerbuche ist durch Überschrift bei jeder Abteilung anzugeben, ob das Material zur Haupt- oder zur Vornutzung gehört.

Die Numerierung selbst erfolgt:

bei den Nutzstämmen am unteren Stammende,
bei Derbholzstangen auf der am unteren Ende angebrachten Platte (§ 14),
bei Reisigstangen auf dem neben eingeschlagenen Nummerpfahle,
bei Schichtnutzholz, Derbbrennholz und Reisigholz I. Klasse auf dem Nummerstück,
bei anderem Reisigholze entweder auf einem der Seitenpfähle oder, wenn mehrere Reisighaufen unmittelbar aneinanderstehen, auf einem besonderen, vor dem Haufen in die Erde eingeschlagenen und mit einer Platte versehenen, 1 m langen Pfahle.

Bei Nutzholzstämmen ist unter die Nummer die Länge und der mittlere Durchmesser des Stammes zu schreiben, z. B.

$$\frac{121}{9,4 \quad 36}$$

in welcher die Zahl 121 die Holznummer, 9,4 die Länge in Metern, 36 den Durchmesser in Centimetern bezeichnet. Bei den Stangen ist die Klasse durch eine beigefügte römische Zahl (I.-VIII.) zu bezeichnen, beim Schichtnutzholz unter die Holznummer der Buchstabe N zu setzen.

Alles anbrüchige Holz ist außerdem unter der Nummer mit einem aufrechtstehenden Kreuze (+) zu bezeichnen.

Die Numerierung geschieht in der Regel mit schwarzer Ölfarbe; wenn das Holz voraussichtlich bald zum Verkaufe kommt und bald abgefahren wird, ist die Numerierung mit Farbstift ausnahmsweise zulässig.

Das Aufsetzen des Schichtholzes kann einem oder mehreren darin geübten Holzhauern übertragen werden, indem auf diese Weise sowohl das Holz selbst besser und gleichmäßiger gesetzt, als auch den einzelnen, darin nicht geübten Holzhauern eine Erleichterung und Zeitersparnis verschafft wird.

Die den Setzern zu zahlende Entschädigung wird von dem Forstbeamten bestimmt; die Entschädigung gewähren die einzelnen Holzhauer aus ihrem verdienten Lohne.

Die Setzer haben übrigens die Verpflichtung, etwa an den einzelnen Scheiten und Knüppeln noch vorhandene, das dichte Setzen verhindernde Aststummel zu beseitigen.

Die Abnahme des Schlages erfolgt in Gegenwart des Holzhauermeisters oder thunlichst eines Rottenführers.

Alle dabei entdeckten Mängel müssen entweder sofort oder in einer vom Forstbeamten zu bestimmenden Frist durch die bezügliche Rotte beseitigt werden und werden außerdem, wenn es grobe Vernachlässigungen sind, durch Ordnungsstrafen geahndet.

E. Verlohnung.

§ 20.

Die pro Festmeter oder Raummeter oder pro Stück oder pro Hundert zu gewährenden, je nach den größeren oder geringeren Schwierigkeiten der Arbeit für jeden Schlag festzustellenden Lohnsätze werden vor Beginn des einzelnen Schlages vom Forstbeamten bestimmt und den Holzhauern speciell bekannt gemacht.

Die Werbungslohnsätze schließen alle und jede Vergütung für sämtliche Arbeiten ein, welche von der Auszeichnung bis zur Abnahme des Schlages auszuführen sind, also insbesondere für das Fällen, Roden, Aufarbeiten, Rücken (letzteres insoweit dies den Holzhauern freihändig übertragen und nicht etwa an den Mindestfordernden verdungen wird), Aufsetzen auf die vom Forstbeamten anzuweisenden Stellen, Hilfeleistung bei der Aufnahme und Abnahme der Schläge u. s. w.

Ob und wie die Werbungslohnsätze in Hauerlohn, Rückerlohn und event. Setzerlohn zerfallen sollen, bestimmt der Forstbeamte vor Beginn des Schlages.

Die Gewährung eines besonderen Rückerlohnes findet aber nur statt, wenn das Holz auf eine weitere Entfernung als durchschnittlich ca. 50 Schritt vom Fällungsort gerückt werden muß.

Über die verdienten Werbungslöhne stellt der Forstbeamte die Lohnzettel, und zwar bis zur Beendigung des Schlages Abschlagslohnzettel, und sodann die Schlußlohnzettel aus und übergiebt sie dem Holzhauermeister oder dem für die Abholung des Lohnes gewählten Holzhauer.

Der Holzhauermeister oder Holzhauer (§ 2) hat darauf den angewiesenen Betrag bei der Forstkasse unter Vorlegung der Quittungskarten über Invaliditäts- und Altersversicherung sämtlicher, bei der Verlohnung beteiligten Arbeiter gegen Quittung zu erheben und jedem Holzhauer unter Kontrolle des Forstbeamten sein verdientes Lohn, nach Abzug der von der Kasse veranlagten Invaliditäts- und Altersversicherungsbeiträge der Arbeiter, auszuzahlen.

Der die Verlohnung besorgende Holzhauer (§ 2) erhält von den Holzhauern nach Verhältnis des Lohnbetrages eines jeden eine dem ortsüblichen Tagelohne bezw. dem Verdienst im Walde entsprechende Vergütung (§ 5).

Anlage 4.

Schlägerlohntarif

für Örtlichkeiten, wo der Männertagelohn etwa 1,50 Mk. beträgt.

Nr. der Holz- lare	Sortiment	Hauerlohn Mk. Pf.
1—11	1 Kubikmeter Nutzholz in Stämmen	45
12	1 Stück Stangen I. Klasse .	03
13	1 „ „ II. „	03
14	1 „ „ III. „	02
15	100 „ „ IV. „	1 50
16	100 „ „ V. „	1 40
17	100 „ „ VI. „	90
18	100 „ „ VII. „	60
19	100 „ „ VIII. „	40
20	100 Bund Faschinen . .	1 00
21	100 Stück starke Bohnenstäbe	60
22	100 „ geringe „	50
23	100 „ starke Bandstöcke	90
24	100 „ mittlere „	70
25	100 „ schwache „	50
26	100 Bund Besenreis (die Werbungskosten trägt der Käufer)	
27	1 Raummeter Schichtnutzholz I. Klasse	
	Hartholz (Eichen, Buchen, Eschen, Ahorn)	80
	Weichholz und Nadelholz	75
28	1 Raummeter Schichtnutzholz II. Klasse	
	Hartholz	75
	Weichholz und Nadelholz .	70
29	1 Raummeter Schichtnutzholz III. Klasse	
	Hartholz	50
	Weichholz und Nadelholz .	45
30—32 33—34	Weihnachtsbäume Rinde } die Werbungskosten trägt der Käufer	
35	1 Raummeter Kloben- oder Scheitholz	
	Hartholz	— 55
	Weichholz und Nadelholz	50
36	1 Raummeter Knüppelholz (gespalten)	
	Hartholz	90
	Weichholz und Nadelholz	55
37	1 Raummeter Knüppelholz (ungespalten)	
	Hartholz	— 45
	Weichholz und Nadelholz	40
38	1 Raummeter Reiserholz I. Klasse	
	Hartholz .	— 35
	Weichholz und Nadelholz	30
39	1 Raummeter Reiserholz II. Klasse . .	25
40	1 „ „ III. Klasse .	15
41	1 Raummeter Stockholz I. Klasse	
	Hartholz	1 20
	Weichholz und Nadelholz	1 10
42 43	Stockholz II. Klasse Stien } die Werbungskosten trägt der Käufer	

Holztaxe

für die verschiedenen Sortimente der wichtigsten Holzarten.

(Die nachfolgend verzeichneten Preise sind als Durchschnittszahlen für ein größeres Absatzgebiet anzusehen.)

Nr.	Bezeichnung der Sortimente und Taxklassen	der Verkaufs-einheit Maß chm	Taxpreis der Verkaufseinheit (einschließlich Hauerlöhne)				
			Eichen Mk. Pf.	Buchen, Eschen, Ahorn ꝛc. Mk. Pf.	Birken Mk. Pf.	Erlen Mk. Pf.	Pappeln, Weiden, Linden ꝛc. Mk. Pf.	Nadel holz Mk. Pf.

I. Bau-, Nutz- und Werkhölzer.

A. Zu Stämmen und Abschnitten.

a) Wahlhölzer.

Nr.	Bezeichnung	Maß	Eichen	Buchen ꝛc.	Birken	Erlen	Pappeln ꝛc.	Nadelholz
1	Ausgesuchte Hölzer zu besonderen Gebrauchszwecken von vorzüglicher Beschaffenheit bezw. eigens auf Wunsch des Käufers eingeschlagen. (Mühlwellen, Mühlranten, Schiffsbauholz ꝛc.)	fm 1	35 00	25 00				28 00
	b) Schneidehölzer.							
2	Sägeblöcke I. Klasse über 2 fm	1	28 00	20 00	16 00	15 00	12 00	20 00
3	„ II. Klasse über 1 bis mit 2 fm	1	25 00	18 00	15 00	14 00	11 00	15 00
4	„ III. Klasse bis 1 fm	1	23 00	16 00	14 00	13 00	10 00	13 00
	c) Gewöhnliche Rundhölzer.							
5	I. Klasse, das Stück über 3 fm	1	28 00	18 00	15 00	15 00	12 00	18 00
6	II. „ „ „ über 2 bis mit 3 fm	1	26 00	17 00	14 00	14 00	11 00	16 00
7	III. „ „ „ über 1 bis mit 2 fm	1	24 00	16 00	13 00	13 00	10 00	14 00
8	IV. „ „ „ über 0,5 bis mit 1 fm	1	21 00	15 00	12 00	12 00	9 00	12 00
9	V. „ „ „ bis mit 0,5 fm	1	19 00	14 00	11 00	11 00	8 00	10 00
	d) Schiffs- und Stabhutriee.							
10	I. Klasse, das Stück über 0,3 fm			25 00				13 00
11	II. „ „ „ bis mit 0,3 fm			20 00				10 00

B. Zu Stangen bis mit 14 cm Durchmesser, auf 1 m vom Stammanfang gemessen.

a) Derbholzstangen mit einem Durchmesser über 7 bis mit 14 cm.

Nr.	Bezeichnung	Maß	Eichen	Buchen ꝛc.	Birken	Erlen	Pappeln ꝛc.	Nadelholz
12	Stangen I. Klasse, über 12 bis mit 14 cm Durchmesser, 12—14 m lang	Stück 0,09	1 20	1 00	1 00	— 80	— 60	— 90
13	Stangen II. Klasse, über 10 bis mit 12 cm Durchmesser, 9—13 m lang	0,06	90	80	80	50	— 40	60
14	Stangen III. Klasse, über 7 bis mit 10 cm Durchmesser, 6—13 m lang	0,03	50	30	40	— 20	— 20	30
	b) Reisholzstangen mit einem Durchmesser bis 7 cm.							
15	Stangen IV. Klasse, 6 bis mit 7 cm Durchmesser, 6—11 m lang	100 Stück 2,00	30 00	24 00	18 00	15 00	12 00	15 00
16	Stangen V. Klasse, 4 bis mit 6 cm Durchmesser, 5—8 m lang	1,30	21 00	16 00	13 00	10 00	9 00	11 00

Nr.	Bezeichnung der Sortimente und Tarfklassen	Maß	feste Holzmasse cbm	Eichen Mk.	Pf.	Buchen, Eichen, Ahorn zc. Mk.	Pf.	Birken Mk.	Pf.	Erlen Mk.	Pf.	Pappeln, Weiden, Linden zc. Mk.	Pf.	Nadelholz Mk.	Pf.
17	Stangen VI. Klasse, 4 bis mit 5 cm Durchmesser, 3—6 m lang	100 Stück	0,60	6	00	6	00	6	00	4	00	4	00	4	00
18	Stangen VII. Klasse, 4 cm und darunter, 3—6 m lang		0,30	4	00	2	50	3	00	2	00	2	00	2	00
19	Stangen VIII. Klasse, 4 cm und darunter, bis 3 m lang		0,10	1	50	1	00	1	00	—	70	—	70	1	00

c) Sonstiges Nutzreisig.

Nr.	Bezeichnung	Maß	cbm	Eichen Mk.	Pf.	Buchen Mk.	Pf.	Birken Mk.	Pf.	Erlen Mk.	Pf.	Pappeln Mk.	Pf.	Nadelholz Mk.	Pf.
20	Faschinen, das Bund 1 m im Umfang oder 32 cm im Durchmesser stark, 1,5—2,5 m lang	100 Bund	2,00	10	00	10	00	10	00	8	50	8	50	8	00
21	Starke Bohnenpfähle, 7—11 cm im Durchmesser, 1,5—2 m lang	100 Stück	1,00	6	00	6	00	5	00	6	00	4	00	1	50
22	Geringe Bohnenpfähle, 5—7 cm im Durchmesser, 1,0—1,3 m lang		0,40	3	00	3	00	2	50	3	00	2	00	2	50
23	Starke Bandstöcke, 4—5 cm im Durchmesser, 3,5—6 m lang		0,60	9	00			4	00					6	00
24	Mittlere Bandstöcke, 2—4 cm im Durchmesser, 2,5—3,5 m lang		0,30	7	00			3	00					3	00
25	Schwache Bandstöcke, 2—3 cm im Durchmesser, 1,5—3 m lang		0,20	6	00			2	50					2	50
26	Besenreis, das Bund 32 cm stark oder 1 m im Umfang, 0,9—1,5 m lang (Selbstwerbung)	100 Bund	1,00					30	00						

C. In Raummetern.

Nr.	Bezeichnung	Maß	cbm	Eichen Mk.	Pf.	Buchen Mk.	Pf.	Birken Mk.	Pf.	Erlen Mk.	Pf.	Pappeln Mk.	Pf.	Nadelholz Mk.	Pf.
27	Schichtnutzholz I. Klasse, fehlerfreie, glatte, geradspaltige Kloben oder Rollen aus Rundstücken von mindestens 25 cm Durchmesser	rm	0,7	20	00	9	00	7	00	6	00	4	00	8	00
28	Schichtnutzholz II. Klasse, von etwas geringerer Qualität und Stärke wie das vorige		0,7	12	00	7	00	5	00	5	00	3	50	5	00
29	Schichtnutzholz III. Klasse. Nutzknüppel oder Nutzrollen von über 7 bis mit 14 cm Durchmesser am oberen Ende		0,7	4	50	4	00	3	50	3	50	2	50	3	00
30	Weihnachtsbäume, große, über 2 m lang, 10 Stück = 1 rm		0,2					Selbstwerbung						Fichten 6 00 / Kiefern 4 00	
31	Weihnachtsbäume, mittlere, über 1,5—2 m lang, 20 Stück = 1 rm		0,2											Fichten 6 00 / Kiefern 4 00	
32	Weihnachtsbäume, kleine, bis 1,5 m lang, 50 Stück = 1 rm		0,2											Fichten 10 00 / Kiefern 5 00	
33	Rinde I. Klasse. Glanz- oder Spiegelrinde aus Schälwaldungen. 150 kg = 1 rm = 0,3 fm	50 kg	0,1	4	20					2	40	2	10		
34	Rinde II. Klasse. Borke von alten Stämmen. Geputzt bezw. ungeputzt	rm	0,3	5—12	00										

II. Brennholz.

A. Derbholz.

Nr.	Bezeichnung	Maß	cbm	Eichen Mk.	Pf.	Buchen Mk.	Pf.	Birken Mk.	Pf.	Erlen Mk.	Pf.	Pappeln Mk.	Pf.	Nadelholz Mk.	Pf.
35	Kloben- oder Scheitholz von über 14 cm am oberen Ende der Rundstücke		0,7	5	00	5	00	4	00	4	00	3	00	4	00
36	Knüppel- und Astholz I. Klasse von über 7 cm bis mit 14 cm Durchmesser am oberen Ende, gespalten		0,7	4	00	4	00	3	50	3	50	2	50	3	00
37	Knüppel- oder Astholz II. Klasse, wie vor, ungespalten		0,7	3	50	3	50	3	00	3	00	2	00	2	50

Nr.	Bezeichnung der Sortimente und Tarifklassen	der Verkaufs-einheit		Tarpreis der Verkaufseinheit (einschließlich Hauerlöhne)					
		Maß	feste Holz-masse cbm	Buchen, Eichen, Ahorn ꝛc. Mk. Pf.	Eichen Mk. Pf.	Birken Mk. Pf.	Erlen Mk. Pf.	Pappeln, Weiden, Linden ꝛc. Mk. Pf.	Nadel-holz Mk. Pf.
	B. Licht-Derbholz.								
	a) Reisigholz bis mit 7 cm Durchmesser, 1 m von dem unteren Ende aus gemessen.								
38	Reiserholz I. Klasse, ohne Zweigspitzen, Reiser-knüppel bis mit 7 cm Durchmesser . . .	rm	0,4	1 50	2 00	1 50	1 20	1 00	1 50
39	Reiserholz II. Klasse, Stammreisig, lang ein-gesetzt, aus Durchforstungen und Mittel-bezw. Niederwald		0,2	80	1 00	— 80	— 70	50	60
40	Reiserholz III. Klasse, Abraumreisig auf den Schlägen, gewöhnliches Ast- und Zopfreisig		0,2	60	— 60	— 50	— 40	30	— 40
	b) Stockholz.								
41	Stockholz I. Klasse		0,4	1 60	1 50	1 40	1 40	1 30	1 50
42	„ II. Klasse, vorwiegend Wurzelholz. Selbstwerbung		0,4	30	30	20	20	20	30
43	Kien, aus harzreichen Stücken und Kien-zapfen. Selbstwerbung		0,4						10

Anlage 6.

Allgemeine Bedingungen für die Versteigerung von Holz.

1. Die Gebote sind nicht pro Einheit, sondern für das ganze Quantum jedes Verkaufsloses abzugeben. Es wird nur eine Steigerung berücksichtigt, welche das vorhergehende Gebot, wenn es unter 15 Mark, um volle 0,10 Mark, wenn es 15 bis 150 Mark war, um volle 0,50 Mark, wenn es über 150 bis 300 Mark war, um volle 1 Mark, wenn es über 300 Mark war, um volle 3 Mark übersteigt.

2. Außer dem gebotenen Preise und dem etwaigen Bürgschaftsstempel fallen dem Käufer Kosten nicht zur Last.

3. Der Zuschlag geschieht an den Meistbietenden, wenn sein Gebot nach dem Ermessen des versteigernden Beamten annehmbar ist. Ist dieses nicht der Fall, so hängt es von ihm ab, ob er ein Gebot gar nicht oder mit Vorbehalt höherer Genehmigung annehmen will. Im letzteren Falle bleibt der Meistbietende 14 Tage lang an sein Gebot gebunden.

4. Die Bezahlung des Steigerpreises ist in kassenmäßigen Geldsorten zu leisten und muß
   a) bei Geboten bis zum Betrage von 150 Mark inkl. sogleich im Termin erfolgen:
   b) bei Geboten über 150 Mark ist ein Fünftel des Steigerpreises sofort im Termin als Angeld, der Rest aber spätestens bis zum
   an   zu zahlen,
   widrigenfalls es dem Verkäufer freisteht, entweder vom Vertrage zurückzutreten oder über das Holz anderweit beliebig zu disponieren.

5. Durch den Zuschlag geht die Gefahr des verkauften Holzes auf den Käufer über, und die Forstverwaltung haftet für dasselbe nicht länger.

Da vorausgesetzt wird, daß jeder Käufer vorher von dem Vorhandensein, der Beschaffenheit und der Richtigkeit der Maße des Holzes sich selbst überzeugt hat, und es allein seine Sache bleibt, sich über alles dieses vorher Gewißheit zu verschaffen, so bedarf es einer besonderen Übergabe des Holzes nach erfolgtem Zuschlag nicht. Verlangt ein Käufer die örtliche Vorzeigung des Holzes, so muß er solches sofort beim Zuschlag erklären, und wird dieselbe alsdann binnen   Tagen erfolgen. Meldet er sich innerhalb dieser Zeit hierzu bei dem betreffenden Forstbeamten nicht, so wird angenommen, daß er jenes Verlangen zurückgenommen habe.

6. Erlaß an dem Steigerpreise wegen schlechterer Beschaffenheit des Holzes, als man erwartet habe, wegen unrichtigen Maßes, unrichtiger kubischer Berechnung oder aus irgend einem anderen Grunde findet nicht statt, da der Verkauf in Pausch und Bogen erfolgt und für Quantität oder Qualität des Versteigerungsobjektes in keiner Weise Gewähr geleistet wird.

7. Über das zugeschlagene Holz erhält der Käufer nach Bezahlung des Steigerpreises einen Holzverabfolgezettel. Nur nach Abgabe dieses Zettels an den betreffenden Förster darf das Aufladen und die Abfuhr, und zwar nur auf den dazu angewiesenen Wegen und nur an den Wochentagen aber niemals vor Aufgang oder nach Untergang der Sonne erfolgen. Zuwiderhandlungen werden nach § 38 des Feld= und Forstpolizei=Gesetzes vom 1. April 1880 bestraft.

8. Die Abfuhr des Holzes muß innerhalb   nach dem Zuschlage erfolgen, widrigenfalls, sofern nicht polizeiliche Bestrafung dieserhalb eintreten kann, eine Konventionalstrafe von 1 Mark für jedes nicht rechtzeitig oder gar nicht abgefahrene Kanfloß verwirkt ist. Diese Strafe kann jedesmal nach Ablauf von vier Wochen wiederholt werden, soweit die Abfuhr inzwischen nicht bewirkt ist. Außerdem steht der Forst= verwaltung zu, das nicht abgefahrene Holz auf Kosten des Käufers an die Gestelle, Wege oder sonstigen Orte, wo es ohne Nachteil lagern kann, rücken zu lassen. Nur bei außer= gewöhnlich erheblichen Hindernissen kann auf Ansuchen des Käufers eine Verlängerung des Abfuhrtermins vom Forstbeamten gestattet werden. Eine solche Verlängerung ent= bindet jedoch nicht davon, daß das Holz vor Ablauf der oben bestimmten Frist auf Erfordern der Forstverwaltung ebenfalls, sei es durch den Käufer selbst oder auf dessen Kosten, aus den Schlägen an die Orte gerückt wird, welche der Forstbeamte dazu anweisen läßt.

9. Bei der Abfuhr muß der Käufer oder der von ihm beauftragte Fuhrmann sich der Mit= nahme von Holz, welches er nicht gekauft hat, und der Verwechselung der Nummern enthalten, widrigenfalls Bestrafung nach § 39 des Feld= und Forstpolizei=Gesetzes vom 1. April 1880 eintritt.

10. Die vorstehend ausbedungenen Konventionalstrafen, sowie die nach der Bedingung 8 etwa zu erstattenden Rückzöhne werden vom Forstbeamten festgesetzt. Wird die Zahlung ver= weigert, so erfolgt gerichtliche Klage.

11. Soweit die Zahlung des Steigerpreises nicht sofort im Termine erfolgt, haben die Käufer resp. Bürgen auf Erfordern das Protokoll bei dem betreffenden Posten zur Anerkennung des Kaufes und dieser Bedingungen zu unterzeichnen. Verweigerung der Unterschrift hat Ungiltigkeit des Gebotes und Ausschließung von weiterem Mitbieten zur Folge.

12. Wollen Käufer ihr Holz an andere abtreten, so müssen sie dieses dem Forstbeamten anzeigen, bleiben aber dennoch für die Zahlungen haftbar.

13. Ausländer kann der versteigernde Beamte vom Mitbieten ausschließen, solange sie nicht einen im Inlande wohnenden sicheren Bürgen, welcher sich selbstschuldnerisch für das von ihnen zu machende Meistgebot an Kapital, Zinsen und Kosten schriftlich verbürgt, stellen oder hinreichende bare Kaution leisten.

Anlage 7.

Allgemeine Bedingungen für die mehrjährige Verpachtung von Forst-Grundstücken.

§ 1.

Die Verpachtung erfolgt auf .. Jahre vom   ten   18...
bis   ten   18 . wobei der Zeitraum vom   ten   18
bis   ten   18 für ein volles Pachtjahr gerechnet wird.

§ 2.

Gegenstand des Pachtvertrages ist lediglich das Recht zur gewöhnlichen landwirtschaftlichen Nutzung als   Ausgeschlossen bleibt daher namentlich die Benutzung der Jagd und jede Benutzungsweise, welche eine Veränderung der Substanz de .. genannten Grundstück ... zur Folge hat. Es dürfen mithin nicht Palten, Torf, Moder, Sand, Lehm, Mergel, Steine und dergleichen von der Pachtfläche entnommen oder auf derselben gegraben werden.

Durch jede Übertretung dieser Bedingung hat der Pächter eine Konventionalstrafe von 15 Mark verwirkt und ist außerdem verpflichtet, den Wert der entnommenen Materialien zu bezahlen, auch ist der Verpächter berechtigt, das Pachtverhältnis ohne weitere Entschädigung aufzuheben.

§ 3.

Die Verpachtung erfolgt in Bausch und Bogen ohne Gewähr für die Größe und den Ertrag d ... Grundstück ...

§ 4.

Die von d ... Grundstück ... zu entrichtenden Provinzial-, Kreis- und sonstigen Kommunalabgaben werden vom Verpächter getragen.

§ 5.

Die Gebote bedeuten das jährliche Pachtgeld.

§ 6.

Die Erteilung des Zuschlages an einen der drei Bestbietenden bleibt vorbehalten. Bis zur Entscheidung darüber, längstens aber zwei Wochen, bleibt jeder der drei Bestbietenden an sein Gebot gebunden.

§ 7.

Das Pachtgeld ist jährlich pränumerando zum   ten   , zum erstenmal . an ... zu ... oder wohin die Zahlung sonst gewiesen werden sollte, portofrei einzuzahlen.

Werden diese Zahlungstermine nicht innegehalten, so steht dem Verpächter frei, entweder von dem Vertrage abzugehen oder das Grundstück auf Gefahr und Kosten des Pächters anderweitig zu verpachten. Der Pächter willigt darin, daß im letzteren Falle die Zwangsverpachtung für den ganzen Rest der Pachtperiode erfolgt, bleibt auch für den Ausfall am ursprünglichen Pachtgelde haftbar, wogegen er auf Mehrerträge keinen Anspruch hat.

§ 8.

Sollten andere Umstände die Aufhebung des Pachtverhältnisses im Laufe der durch den gegenwärtigen Vertrag bestimmten Pachtzeit im Interesse des Verpächters wünschenswert machen, so muß sich der Pächter diese nach vorgängiger sechsmonatlicher Kündigung ohne Entschädigung und nur gegen Wegfall des Pachtgeldes vom Zeitpunkte der Rückgabe des Pachtgegenstandes ab gefallen lassen.

Es werden jedoch in diesem Falle dem Pächter, sofern er die Ernte nicht erhält, die auf gewendeten Kosten für Einsaat und Bestellung ersetzt.

Dem Pächter steht eine Befugnis zur Kündigung nicht zu.

§ 9.

Die Übergabe de . . . Grundstück . . . gilt mit der Zahlung der ersten Pachtrate als vollzogen.

§ 10.

Pächter entsagt Remissionsforderungen jeglicher Art, sowie dem Rechte zur Aufkündigung des Vertrages im Falle des Krieges.

§ 11.

Für etwaige, durch den Pächter ausgeführte Meliorationen wird demselben keine Entschädigung gewährt.

Das Pachtverhältnis darf auf andere Personen ohne Genehmigung des Verpächters nicht übertragen werden.

§ 12.

Pächter ist verpflichtet, d . . . Grundstück . . in landwirtschaftliche Kultur zu setzen und darin zu erhalten, widrigenfalls der Verpächter die Pacht wie im Falle des § 7 aufheben kann. Insbesondere hat Pächter d . . . Grundstück . . . während der Pachtzeit (§ 1) mindestens   mal, und zwar spätestens vor Beginn des   ten und beziehungsweise ten Pachtjahres, in ortsüblicher Weise und nach ökonomischen Grundsätzen zu düngen. Als ortsübliche Düngung werden 24 zweispännige Pferdefuder à 15 Centner **pro Hektar** hiermit festgesetzt. Für jedes danach zu wenig aufgebrachte Fuder Dung zahlt der Pächter eine Konventionalstrafe von 5 Mark.

§ 13.

Sollte Pächter im Laufe der Pachtzeit sterben, so sind die Erben zwar verpflichtet, aber nicht berechtigt, die Pachtung fortzusetzen.

Hilfs-Tabelle zur Berechnung des Wochenlohnes.

So kostet	Wenn der Lohnsatz pro Tag beträgt									
	0,60	0,70	0,80	0,90	1,00	1,10	1,20	1,50	1,80	2,00
	M.	M.	M.	M.	M.	M.	M.	M.	M.	M.
¼ Tag	0,15	0,17½	0,20	0,22½	0,25	0,27½	0,30	0,37½	0,45	0,50
½ „	0,30	0,35	0,40	0,45	0,50	0,55	0,60	0,75	0,90	1,00
¾ „	0,45	0,52½	0,60	0,67½	0,75	0,82½	0,90	1,12½	1,35	1,50
1 „	0,60	0,70	0,80	0,90	1,00	1,10	1,20	1,50	1,80	2,00
1¼ „	0,75	0,87½	1,00	1,12½	1,25	1,37½	1,50	1,87½	2,25	2,50
1½ „	0,90	1,05	1,20	1,35	1,50	1,65	1,80	2,25	2,70	3,00
1¾ „	1,05	1,22½	1,40	1,57½	1,75	1,92½	2,10	2,62½	3,15	3,50
2 „	1,20	1,40	1,60	1,80	2,00	2,20	2,40	3,00	3,60	4,00
2¼ „	1,35	1,57½	1,80	2,02½	2,25	2,47½	2,70	3,37½	4,05	4,50
2½ „	1,50	1,75	2,00	2,25	2,50	2,75	3,00	3,75	4,50	5,00
2¾ „	1,65	1,92½	2,20	2,47½	2,75	3,02½	3,30	4,12½	4,95	5,50
3 „	1,80	2,10	2,40	2,70	3,00	3,30	3,60	4,50	5,40	6,00
3¼ „	1,95	2,27½	2,60	2,92½	3,25	3,57½	3,90	4,87½	5,85	6,50
3½ „	2,10	2,45	2,80	3,15	3,50	3,85	4,20	5,25	6,30	7,00
3¾ „	2,25	2,62½	3,00	3,37½	3,75	4,12½	4,50	5,62½	6,75	7,50
4 „	2,40	2,80	3,20	3,60	4,00	4,40	4,80	6,00	7,20	8,00
4¼ „	2,55	2,97½	3,40	3,82½	4,25	4,67½	5,10	6,37½	7,65	8,50
4½ „	2,70	3,15	3,60	4,05	4,50	4,95	5,40	6,75	8,10	9,00
4¾ „	2,85	3,32½	3,80	4,27½	4,75	5,22½	5,70	7,12½	8,55	9,50
5 „	3,00	3,50	4,00	4,50	5,00	5,50	6,00	7,50	9,00	10,00
5¼ „	3,15	3,67½	4,20	4,72½	5,25	5,77½	6,30	7,87½	9,45	10,50
5½ „	3,30	3,85	4,40	4,95	5,50	6,05	6,60	8,25	9,90	11,00
5¾ „	3,45	4,02½	4,60	5,17½	5,75	6,32½	6,90	8,62½	10,35	11,50
6 „	3,60	4,20	4,80	5,40	6,00	6,60	7,20	9,00	10,80	12,00
6¼ „	3,75	4,37½	5,00	5,62½	6,25	6,87½	7,50	9,37½	11,25	12,50
6½ „	3,90	4,55	5,20	5,85	6,50	7,15	7,80	9,75	11,70	13,00
6¾ „	4,05	4,72½	5,40	6,07½	6,75	7,42½	8,10	10,12½	12,15	13,50
7 „	4,20	4,90	5,60	6,30	7,00	7,70	8,10	10,50	12,60	14,00

Druckfehler-Verzeichnis.

Seite 13, Zeile 14 von unten, ist hinter „man" einzuschalten „beim Numerieren"

„ 32, Zeile 21 von oben, ist hinter „und" einzuschalten „letztere wird".

35, Zeile 3 von oben, statt „werden" lies „wird".

35, Zeile 7 von unten, statt „A" und „B" lies „I" und „II".

41, Zeile 12 von unten, ist hinter „Bei" einzuschalten „umfangreicher".

55, Zeile 4, 7 und 10 des Formulars, statt „getauftes" lies „verlautes".

Druck: J. Neumann, Neudamm.

Verlag von J. Neumann in Neudamm.

Formulare

zu der

Böhm'schen Forstlichen Buchführung.

Alle in der Böhm'schen Forstlichen Buchführung aufgeführten Formulare sind durch den unterzeichneten Verlag zu beziehen. Die Formulare, welche zu einem äußerst mäßigen Preise abgegeben werden, zeichnen sich aus durch einen peinlich sauberen Druck, durch festes Papier bester Qualität und, soweit dieselben eingebunden gewünscht werden, durch dauerhafte Einbände.

Folgende Formulare sind vorrätig und können sofort geliefert werden:

(Mit a sind die Titelbogen, mit b die Einlagebogen bezeichnet.)

Formular Nr.			Mk. p. Buch	Pf. einzeln
*1 a und 1 b.	Nummerbuch für Nutzholz	10 Buch 5 Mk. 50 Pf., 20 Buch 10 Mk. } auch von beiden Formularen gemischt.	0,60	3
*2 a „ 2 b.	Nummerbuch für Brennholz	50 Buch 22 Mk. 50 Pf., 100 Buch 40 Mk.	0,60	3
*3.	Abschlags-Lohnzettel auf Hauer- und Rückerlohn, mit Spalten für die Berechnung der Beiträge zur Invaliditäts- und Alters- versicherung	25 Blatt	0,50	3
*4	Abschlags-Lohnzettel auf Hauer- und Rückerlohn, mit Spalten für die Berechnung der Beiträge zur Invaliditäts-, Alters- und Krankenversicherung		0,50	3
*5.	Holzwerbungs-Lohnzettel, mit Spalten für die Berechnung der Beiträge zur Invaliditäts- und Altersversicherung	v. Buch	0,80	4
*6.	Holzwerbungs-Lohnzettel, mit Spalten für die Berechnung der Beiträge zur Invaliditäts-, Alters- und Krankenversicherung		0,80	4
*7 a und 7 b	Holzeinnahmebuch		1,60	8
*8 a „ 8 b	Holzversteigerungs-Protokoll		1,00	5
*9.	Holzverabfolgezettel	25 Stück 0,25	5 Stück 6
		100 Stück 90 Pf., 500 Stück 4 Mk., 1000 Stück 7 Mk., 3000 Stück 13 Mk.	1 Buch	einzeln
*10 a „ 10 b	Erhebeliste für freihändig abgegebenes verkauftes } Holz		0,80	4
*11 a „ 11 b.	Holzausgabebuch		1,60	8
*12 a „ 12 b.	Versteigerungsprotokoll zur Verpachtung von Forstgrundstücken		0,80	4
*13 a „ 13 b.	Forstnebennutzungs-Ausgabebuch		0,80	4
*14 a „ 14 b.	Wildeinnahmebuch und Wildausgabebuch		1,60	8
*15 a „ 15 b.	Kulturplan und Kulturrechnung		0,80	4
*16 a „ 16 b.	Arbeiternotizbuch, mit Spalten für die Berechnung der Beiträge zur Invaliditäts- und Altersversicherung		0,60	3
*16.	Arbeiternotizbuch, mit Spalten für die Berechnung der Beiträge zur Invaliditäts- und Altersversicherung, Taschenformat		0,40	2
*16 Aa „ 16 Ab.	Arbeiternotizbuch, mit Spalten für die Berechnung der Beiträge zur Invaliditäts-, Alters- und Krankenversicherung		0,60	3
*16 A.	Arbeiternotizbuch, mit Spalten für die Berechnung der Beiträge zur Invaliditäts-, Alters- und Krankenversicherung, Taschenformat		0,40	2
*17.	Lohnzettel für Kulturarbeiten mit Spalten für die Be- rechnung der Beiträge zur Invaliditäts- und Altersversicherung	25 Blatt	0,50	3
*17 A.	Lohnzettel für Verdingarbeiten mit Spalten für Alters- und Invaliditäts-Versicherung		0,50	3
*18.	Lohnzettel für Kulturarbeiten u. s. w. mit Spalten für die Be- rechnung der Beiträge zur Invaliditäts-, Alters- und Kranken- versicherung		0,50	3
*18 A.	Lohnzettel für Verdingarbeiten mit Spalten für die Berechnung der Beiträge zur Invaliditäts-, Alters- und Krankenversicherung	1 Buch	0,50	3
*19 a „ 19 b.	Zolleinnahmebuch		1,00	5
*20 a „ 20 b.	Geldausgabe-Journal		1,00	5
*21 a „ 21 b.	Geldausgabe-Manual		1,00	5

Verlag von J. Neumann in Neudamm.

Zu dem hier angeführten Buch-Preise werden geliefert Bestellungen bis zu einem halben Buch abwärts (ein Buch = 25 Bogen, ein halbes Buch = 12 Bogen). Bei Bestellungen von weniger als 12 Bogen eines Formulares treten die bei jedem Formular vermerkten Einzelpreise in Kraft.

Einbände. Vielen Bestellern wird es erwünscht sein, diejenigen Formulare, welche im Gebrauche zusammengeheftet oder -gebunden werden können, gleich geheftet oder gebunden zu beziehen; daher giebt unterzeichnete Verlagsbuchhandlung die dazu geeigneten Formulare auch geheftet oder gebunden in solidester Arbeit ab. Es wird jede gewünschte Stärke geliefert. Die Preise hierfür stellen sich:

für die Formulare 1, 2, 16, 16A:	Stärke bis zu 25 Bogen	Stärke von 26 bis 50 Bogen	Stärke von 51 bis 75 Bogen	Bei größerer Stärke für je 25 Bogen mehr
in blauem Aktendeckel geheftet	20 Pf.	25 Pf.	30 Pf.	5 Pf.
in Halbleinen gebunden	40 Pf.	50 Pf.	60 Pf.	10 Pf.
in Halbleder gebunden	70 Pf.	80 Pf.	90 Pf.	10 Pf.

für die Formulare 10, 12, 13, 15, 24, 25, 26, 27, 28, 29, 31, 32:				
in blauem Aktendeckel geheftet	25 Pf.	30 Pf.	35 Pf.	5 Pf.
in Halbleinen gebunden	60 Pf.	70 Pf.	80 Pf.	10 Pf.
in Halbleder gebunden	90 Pf.	1,10 Mk.	1,30 Mk.	20 Pf.

für die Formulare 8, 19, 20, 21, 22, 23, 30:				
in blauem Aktendeckel geheftet	30 Pf.	35 Pf.	40 Pf.	5 Pf.
in Halbleinen gebunden	70 Pf.	80 Pf.	90 Pf.	10 Pf.
in Halbleder gebunden	1 Mk.	1,20 Mk.	1,40 Mk.	20 Pf.

für die Formulare 7, 11, 14:				
in blauem Aktendeckel geheftet	40 Pf.	45 Pf.	50 Pf.	10 Pf.
in Halbleinen gebunden	75 Pf.	90 Pf.	1,10 Mk.	20 Pf.
in Halbleder gebunden	1,20 Mk.	1,50 Mk.	1,80 Mk.	30 Pf.

Bessere Bände in Ganz-Moleskin oder in Leinen mit Moleskinrücken werden auf Wunsch zu billigsten Preisen geliefert.

Weitere Formulare für Forstverwaltungen etc.

Außer den Formularen der Böhm'schen Buchführung sind an sonstigen Formularen etc. noch von unterzeichneter Verlagsbuchhandlung zu beziehen:

Formular Nr. *40a u. b **Forstdiebstahlsanzeige-Formulare** — Verzeichnis der angezeigten Vergehen und Übertretungen, welche dem durch das Forstdiebstahlsgesetz vom 15. April 1878 vorgeschriebenen Strafverfahren unterliegen. Preis pro Buch 80 Pf. (einzeln 4 Pf.).

„ *41a u. b **Arbeiter-Notizbuch** für Oberförster und Förster, pro Buch 50 Pf. (einzeln 3 Pf.).

„ *42 **Formulare zur Holzausnahme.** A. Für Brennholz. B. Für Nutzholz. Pro Buch 1 Mk. (einzeln 5 Pf.).

„ 43 **Formulare zur Liquidation über Reisekosten und Tagegelder** für Forstmänner. Preis pro Buch 1 Mk. 25 Pf., 50 Bogen 2 Mk., 100 Bogen 3 Mk. 50 Pf. (einzeln 6 Pf.).

„ 44 **Forstlehrlingszeugnisse** mit Raum zum Ausfüllen eines richtigen Lehrbriefes, pro Stück 30 Pf.

„ *45 **Kubiktabelle** in Plakatform für Hölzer bis zu 24 m Länge und 75 cm Stärke, pro Stück 50 Pf.

Verlag von J. Neumann in Neudamm.

Formular Nr. 46 **Amtlich vorgeschriebene Wildscheine.** Preis 50 Stück 1 Mk. 20 Pf., 100 Stück 2 Mk. 10 Pf. 500 Stück 8 Mk.

47a u. b **Forstrügenbuch** pro Buch) 1 Mk. (einzeln 5 Pf.)

48a u. b **Geschäftsjournal** pro Buch) 1 Mk. (einzeln 5 Pf.)

49 **Gehalts-Quittungen:** A. Für Königl. Forstbeamte B. Für alle anderen Forst beamten. 25 Stück 40 Pf., 50 Stück 75 Pf., 100 Stück 1 Mk. 40 Pf.

50 **Äußerung über Forstlehrlinge:** (Nach amtlicher Vorschrift im Lehrlinge des Königl. Preußischen Forstdienstes.) 1 Stück 25 Pf., 5 Stück 50 Pf., 10 Stück 1 Mk. 50 Pf. 25 Stück 3 Mk.

51 **Holzverkaufs-Bekanntmachung.** 25 Blatt 40 Pf. (einzeln 2 Pf.)

52 **Tagelohn-Notizbuch.** Große Ausgabe mit vierwöchentlicher Tage anordnung. Mit Bleistift. Preis in Leinen gebunden 1 Mk. 50 Pf.

53 **Tagelohn-Notizbuch.** Kleine Ausgabe mit wöchentlicher Tageanordnung. Mit Bleistift. Preis in Leinen gebunden 1 Mk.

54 **Tagelohn-Notizbuch.** Kleine Ausgabe mit wöchentlicher Tageanordnung und Spalten für die Abrechnung der Krankenkassen-, Alters- und Invaliditäts-Versicherung. Mit Bleistift. Preis in Leinen gebunden 1 Mk.

55 **Nummerbuch** für Nutzholz oder für Brennholz. (Beilage des Forst- und Jagd kalenders "Waldheil".) Für 1000 Nummern berechnet. Preis geheftet 20 Pf.

Ein Exemplar der sämtlich hier angezeigten losen Buchführungsformulare, also Nr. 1—32 und 40—54, Titel und Einlagebogen (a und b), wird für 3 Mk. 50 Pf. franko geliefert.

Alle Preise für die hier aufgeführten Formulare verstehen sich loko Neudamm. Porto für frankierte Zusendung wird besonders berechnet. Der billigste Bezug findet statt gegen Ein sendung der Beträge im voraus, unter Zufügung des erforderlichen Portos, weil dadurch die Nach nahmespesen gespart werden. Die Portokosten stellen sich im Inlande sowie Österreich-Ungarn folgendermaßen:

bei Beträgen bis zu 50 Pf. sind 10 Pf. Porto mitzusenden;

bei Beträgen von mehr als 50 Pf. bis zu 1 Mk. sind 20 Pf. Porto mitzusenden;

bei Beträgen von mehr als 1 Mk. bis zu 2 Mk. sind 30 Pf. Porto mitzusenden;

bei Beträgen von mehr als 2 Mk. bis zu 9 Mk. sind 50 Pf. Porto mitzusenden;

bei Beträgen von mehr als 9 Mk. für jede fernere 9 Mk. nochmals 50 Pf. mitzusenden.

Besteller, welche in der ersten Postzone, also näher wie 75 Kilometer von Neudamm wohnen, brauchen bei Beträgen von mehr als 2 Mk. nur die Hälfte des hier genannten Portos mitsenden. Für Bestellungen nach dem Auslande erhöht sich die Portogebühr um das Doppelte. Bei Bestellungen, welche unter Nachnahme erledigt werden, wird Porto und die Nachnahmegebühr miterhoben.

Als zweckmäßigste Privatbuchführung für jeden Forstbeamten, welcher Landwirtschaft betreibt, kann empfohlen werden:

Wirtschaftsbuch für Beamte auf dem Lande.

Unter besonderer Berücksichtigung der Verhältnisse der Forstbeamten.

Zusammengestellt von H. Simon, Königl. Förster.   Preis fest kartoniert 2 Mk.

Das Buch ist bestimmt als Buchführung für die Forstbeamten auf dem Lande, deren Einnahmen sich aus barem Gehalte wie aus dem Betriebe der Landwirtschaft zusammensetzen. Die Führung ist einfach und leicht faßlich. An der Hand des Wirtschaftsbuches ist jeden Augenblick festzustellen, was der Landwirt schaftsbetrieb abwirft. Dies ist für die Angabe des steuerpflichtigen Einkommens von größter Wichtigkeit Von besonderem Werte ist jedoch das Simon'sche Wirtschaftsbuch als Unterlage bei der Auseinandersetzung im Stellenwechsel. Da in solchen Fällen die Vorlegung einer geordneten Buchführung seitens der Königl. Preußischen Centralforstbehörde vorgeschrieben ist, gewinnt das Wirtschaftsbuch für den Preußischen Staats forstbeamten eine ganz besondere Bedeutung.

An Revierverwaltungen wird das Simon'sche Wirtschaftsbuch zur Cirkulation unter den Herren Beamten zwecks Kenntnisnahme und Anschaffung bereitwilligst zur Ansicht geliefert.

Verlag von J. Neumann in Neudamm.

Empfehlenswerte forstliche Werke.

Neudammer Förfterlehrbuch. Ein Leitfaden für Unterricht und Praxis, sowie ein Handbuch für den Privatwaldbesitzer. Bearbeitet von Professor Dr. A. Schwappach, Professor Dr. C. Eckstein, Oberförster E. Herrmann, und Forstassessor Dr. W. Borgmann. Zweite, vermehrte und verbesserte Auflage, 4. bis 7. Tausend. Mit 192 Abbildungen und einem Repetitorium in der Anlage. Preis in Leinen gebunden 8 Mk.

Waldbege und Waldpflege. Repetitorium für das Jäger- und Försterexamen und Hilfsbuch für Privatwaldbesitzer, Gutsverwalter, Gemeindebeamten. Von Fritz Mücke, Königl. Preußischer Förster a. D. Zweite Ausgabe. Preis geheftet 2 Mk. 50 Pf., gebunden 3 Mk.

Handbuch für den Preufsischen Förfter, enthaltend sämtliche die Königlichen, Kommunal- und Privatforstschutzbeamten angehenden Gesetze, Verordnungen etc. Zusammengestellt und mit Er- läuterungen versehen von Richard Radtke, Königl. Forstkassenrendant in Annaburg. Dritte, neu bearbeitete Auflage. Preis gebunden 6 Mk.

Der preufsifche Forst- und Jagdfchutzbeamte. Der Forst- und Jagdschutzbeamte als Forst- und Jagdpolizeibeamter und als Hilfsbeamter der Staatsanwaltschaft. Das Gesetz über Waffen- gebrauch der Forst- und Jagdbeamten vom 31. März 1837. -- Die gesetzlichen Bestimmungen über die Bestrafung der Jagdvergehen und über die Widersetzlichkeit bei Forst und Jagdvergehen. Vierte Auflage. Mit Erläuterungen bearbeitet von Friedrich Mücke, Königl. Förster a. D. Preis gebunden 3 Mk.

Die preufsifchen forftkarten. Zusammenstellung der für die preussische Staatsforstverwaltung geltenden Bestimmungen über Anfertigung, Aufbewahrung und Versendung, sowie Fortführung der Forst- karten. Mit zehn meist farbigen, lithographischen Doppeltafeln und einem Anhang über die Darstellung der Nivellementsprofile und die Führung der Handrisse zu den Vermessungsmanualen. Von E. Herrmann, Königl. Oberförster. Preis sein gebunden 6 Mk.

Handbuch für den Elfafs-Lothringifchen förster, enthaltend eine Zusammenstellung und Erläuterung aller wichtigen Gesetze, Verordnungen, Vorschriften für den Forstschutzbeamten in den Staats- und ungeteilten Waldungen und in den Gemeinde- und Anstaltswaldungen. Herausgegeben von Dr. August Kahl, Kaiserl. Regierungs- und Forstrat. Preis gebunden 2 Mk. 10 Pf.

Die Waldrente und ihre nachhaltige Erhöhung. Von Gustav Wagener, Forstrat in Pens. Preis geheftet 10 Mk., fein gebunden 12 Mk.

forftliche Dummheiten. Eine Busspredigt für unsere Grünröcke. Von Carl Eduard Ney, Kaiserl. Oberforstmeister zu Metz. Preis fein geheftet 1 Mk., fein gebunden 5 Mk.

Ökonomik des Durchforftungsbetriebes. National-ökonomische Studie eines Forstmannes. Von Carl Laschke, Doktor der Staatswissenschaften. Preis geheftet 2 Mk.

Gefchichtliche Entwickelung des Durchforftungsbetriebes in Wissenschaft und Praxis bis zur Gründung der Deutschen forstlichen Versuchsanstalten. Von Carl Laschke, Doktor der Staatswissenschaften. Preis geheftet 6 Mk.

forftliches Wörterbuch. Ein Wörter- und Auskunftsbuch für Betriebs- und Schutzbeamte, Verwalter kleiner Forstreviere und Waldbesitzer. Herausgegeben von der Redaktion der „Deutschen Forst- Zeitung". Mit vielen in den Text gedruckten Abbildungen. Preis fein geheftet 5 Mk., dauerhaft gebunden 6 Mk.

Deutfch-englifches und englifch-deutfches forftwörterbuch. Dictionary of German and English Forest-Terms. Von Karl Philipp, Oberförster. Preis gebunden 3 Mk. 50 Pf.

J. Neumann, Verlagsbuchhandlung für Landwirtschaft und Gartenbau, Forst- und Jagdwesen, — Neudamm.

Nachgenannte Werke über **Jagd, Forstwesen und Fischerei** seien jedem deutschen Waidmann und Forstmann zur Anschaffung bestens empfohlen.

Kynologische Werke:

Den Hühnerhund zum Gebrauchshund auf Schweiß zu arbeiten als Totverbeller und sicheren Verloren-Apporteur. Unter Zugrundelegung des im Buchhandel längst vergriffenen, von den kompetentesten Fachmännern beifällig kritisierten, vom hohen Königlich sächsischen Ministerium speziell empfohlenen Buches: „Den Hühnerhund (Dachs- und Schweißhund) auf Schweiß zu arbeiten und scharf an Raubzeug zu machen", neu bearbeitete, vielfach verbesserte und illustrierte dritte Auflage. Von Hegewald. Preis hochelegant gebunden **2 Mk. 50 Pf.**

Eignet sich der englische Fieldtrialhund als vielseitiger Gebrauchshund für die deutsche Jägerpraxis? Von Hegewald. Zweite verbesserte, vermehrte und mit vielen Abbildungen versehene Auflage. Preis fein gebunden **2 Mk. 80 Pf.**

Der kranke Hund. Ein gemeinverständlicher Ratgeber für Hundebesitzer, insbesondere für Jäger. Von Tierarzt Dr. H. Hilfreich. Mit 8 Abbildungen. Preis fein geheftet **1 Mk.**, hochelegant gebunden **1 Mk. 50 Pf.**

Der Dachshund, seine Geschichte, Zucht und Verwendung zur Jagd über und unter der Erde. Von Emil Ilgner. Mit einem Bilde Sr. Majestät des Königs Albert von Sachsen; drei Farbentafeln und 123 Abbildungen im Text. Preis fein geheftet **4 Mk.**, hochelegant gebunden **5 Mk.**

Die Dressur und Führung des Gebrauchshundes. Von Oberländer. Dritte vermehrte und verbesserte, reich illustrierte Auflage mit einem Bilde Meister Hegewalds. Preis fein geheftet **4 Mk. 50 Pf.**, hochelegant gebunden **6 Mk.**

Grundlehren der Hundezucht. Ein Hilfsbuch für Züchter, Preisrichter, Dresseure und Hundefreunde. Von Obertierarzt Dr. phil. H. Ströse. Mit 20 Tafeln von Kunstmaler Hans Ströse und 24 Abbildungen im Texte. Preis fein geheftet **6 Mk.**, hochelegant gebunden **7 Mk. 50 Pf.**

Zwingerbuch. Zusammengestellt und herausgegeben von E. Ilgner, Premier-Lieutenant a. D., mit Abbildungen von E. von Metz. Preis hochelegant gebunden **10 Mk.**

Bewährte jagdliche Werke:

Andreae, E. E. A., Die Geschichte der Jagd im Taunus, mit besonderer Berücksichtigung des Rotwildbestandes. Gewidmet allen waidgerechten Jägern der Vergangenheit, Gegenwart und Zukunft. Mit einer Karte. Preis gebunden **7 Mk. 50 Pf.**

Aus den Nordlandrevieren des Kapitäns Juell (Norwegische Elchjagden). Von Werner Gruhm. Preis geheftet **1 Mk.**

Über die Veränderung der Rosenstöcke beim Geweihwechsel der Edelhirsche. Von Dr. Cogho, Kgl. preuß. Forstmeister. Preis geheftet **75 Pf.**

Das Auerwild, seine Jagd, Hege und Pflege. Von Edward Cynk. Mit 41 Abbildungen im Texte und drei doppelseitigen Kunstdrucken. Preis fein geheftet **4 Mk.**, hochelegant gebunden **5 Mk.**

E. E. Diezel, Erfahrungen aus dem Gebiete der Niederjagd. Wohlfeile Ausgabe. Vierte Auflage. Mit einem Bildnisse Diezels und vielen Abbildungen. Nach der dritten, von E. E. Diezel selbst vorbereiteten Auflage herausgegeben von der Redaktion der „Deutschen Jäger-Zeitung". Preis geheftet **5 Mk.**, einfach gebunden **6 Mk.**, in feinen Liebhaberhalbfranzband gebunden **7 Mk.** (Auch zu beziehen in 10 Lieferungen zu **50 Pf.**)

Die mittelalterliche Jagdlitteratur Frankreichs. Monographische Studie von Ernst Ritter von Dombrowski mit 15 vom Verfasser gezeichneten Faksimiles alter Miniaturen und Holzschnitte. Preis geheftet **5 Mk.**

Deutsche Waidmannssprache. Mit Zugrundelegung des gesamten Quellenmaterials für den praktischen Jäger bearbeitet von Ernst Ritter von Dombrowski. Zweite vermehrte und verbesserte Auflage. Preis geheftet **3 Mk.**, gebunden **4 Mk.**

Wildpflege. Betrachtungen über die winterlichen Wildverluste und ihre Ursachen, über die Degeneration des Wildes und ihre Verhütung, sowie über die bezüglichen Vorschläge von Drömer, Holzeld und Neumeister. Von Ernst Ritter von Dombrowski. Preis fein geheftet **1 Mk. 20 Pf.**, hochfein gebunden **1 Mk. 80 Pf.**

Wildhege und Wildpflege. Eine Anleitung zur Verhütung von Wildverlusten, selbst während der strengsten Winter, und ein Beitrag, mit welchen Mitteln wir einen an Körper und Kopfschmuck starken, sich dem Urzustande nahernden Wildbstand erzeugen. Von E. Drömer, Oberförster und Güterdirektor. Preis fein geheftet **1 Mk. 50 Pf.**, hochelegant gebunden **2 Mk. 25 Pf.**

Alle Buchhandlungen nehmen Bestellungen entgegen.

J. Neumann, Verlagsbuchhandlung für Landwirtschaft und Gartenbau, Forst- und Jagdwesen, Neudamm.

Die früheren und die heutigen Wildbestände der Provinz Ostpreußen. Das vierläufige Wild. Von Karl von Hippel. Mit zwei Karten. Preis steif broschiert **2 Mk.**

Die Hüttenjagd mit dem Uhu. Von Hüttenvogel. Mit einer Tabelle zum Ansprechen der in Deutschland vorkommenden Tag-Raubvögel, einem Titelbilde und vielen in den Text gedruckten Illustrationen. Preis fein geheftet **1 Mk.**, hochelegant gebunden **1 Mk. 50 Pf.**

Waldfahrten. Wild-, Wald- und Waidmannsbilder aus Österreichs Bergen. Von Hanns von Hadich, genannt Woldlieb. Preis geheftet **1 Mk.**, gebunden **1 Mk. 50 Pf.**

Der alte Pape. Bilder aus dem Leben eines Lippischen Waidmannes. Nach Aufzeichnungen von Adolf Heyster. Mit einem Bildnisse in Lichtdruck und zahlreichen Abbildungen im Texte. Preis fein geheftet **3 Mk.**, fein gebunden **4 Mk.**

Aus Wald und Welt. Wanderungen und Studien eines Forstmannes. Aus dem Nachlasse von W. Fießler, Königl. pr. Oberförster. Preis geheftet **1 Mk. 50 Pf.**

Der Fuchs, seine Jagd und sein Fang. Von Lederstrumpf. Zweite vermehrte und verbesserte illustrierte Auflage. Preis fein geheftet **1 Mk.**, hochelegant gebunden **1 Mk. 50 Pf.**

Ein Rudel Schelmenlieder aus dem Waidmannsleben. Vom Verfasser der Memoiren des Hasen Löselmann. Wilhelm Robbers. Cleve. Preis fein geheftet **1 Mk. 50 Pf.**

Die Geweihsammlung der Kgl. Landwirtschaftlichen Hochschule in Berlin. Von Dr. G. Rörig. Mit 42 vom Verfasser gezeichneten Abbildungen nebst einer schematischen Darstellung der bei den beschriebenen Geweihen vorhandenen Homologieen. Preis fein geh. **5 Mk.**, elegant geb. **6 Mk.**

Untersuchungen über die Winternahrung der Krähen nebst Untersuchungen über den Nahrungsverbrauch der insektenfressenden Vögel. Von Professor Dr. G. Rörig. Preis geheftet **1 Mk.**

Ornithologisches Taschenbuch für Jäger und Jagdfreunde. Tabellen zur Bestimmung, sowie Beschreibung aller Arten der in Deutschland vorkommenden Raubvögel, Hühner, Tauben, Stelz- und Schwimmvögel nebst einem Anhang, Rabenvögel und Drosseln. Zweite Ausgabe. Von Dr. Ernst Schäff. Mit 18 vom Verfasser gezeichneten Abbildungen. Preis geh. **2 Mk.**, fein geb. **3 Mk.**

Das Wildgatter, seine Anlage im allgemeinen nebst spezieller Darstellung der gebräuchlichsten und empfehlenswertesten Konstruktionen, Thore und Einsprünge. Herausgegeben im Auftrage des Allgemeinen Deutschen Jagdschutzvereins. Von Hubert Schumacher, Königl. Forstassessor. Preis kartoniert **3 Mk.**

Die Kastenfalle in ihrer zweckmäßigsten Einrichtung, ihre Anfertigung und Anwendung zur leichtesten, sichersten und qualifiziertesten Vertilgung des Haarraubzeuges in Jagdgehegen, Gärten, Parkanlagen, Gebäuden u. s. w. Von W. Strache, Förster. Preis geheftet **80 Pf.**

Das Waidwerk in Wort und Bild. Illustrierte jagdliche Unterhaltungsblätter zur „Deutschen Jäger-Zeitung". Bisher erschienen 5 Bände. Jeder Band ist ein für sich abgeschlossenes kleines Prachtwerk. Preis pro Band hochfein gebunden **4 Mk.**

Forstwesen:

Anleitung zur Buch- und Rechnungsführung für Privatforstreviere. Von G. Böhm, Kgl. Forstassessor. Preis fein kartoniert **2 Mk. 50 Pf.**

Über die Lebenszähigkeit des Fichten-Borkenkäfers (B. typographus). Von Dr. Coghy, Kgl. prinzl. Oberförster. Preis geheftet **50 Pf.**

Dienstliche Schreiben des Försters. Eine Anleitung in Regeln und ausgeführten Beispielen zur Erlernung des Geschäftsstils für Forstlehrlinge, die gelernten Jäger bei den Bataillonen und angehende Forstsekretäre. Mit Berücksichtigung der Ministerial-Erlasse vom 20. Mai und 19. Juni 1896 bearbeitet und herausgegeben von Otto Grothe, Erstem Lehrer an der Königlichen Forstschule zu Groß-Schönebeck. Preis steif broschiert **1 Mk.**

Wald und Wild in der Bibel von Fritz Wücke. Preis geheftet **2 Mk.**, fein gebunden **2 Mk. 60 Pf.**

Hilfstafeln zur Berechnung des Tagwertes von Langnutzhölzern in Verbindung mit den Angaben von 70% der Taxe für fehlerhafte Hölzer, zusammengestellt von W. Naujoks, Königl. Hilfsjäger und Forstsekretär. Preis steif broschiert **1 Mk. 50 Pf.**

Betriebs- und Ertragsregelung im Hoch- und Niederwalde. Ein gemeinverständlicher Abriß für Betriebs- und Schutzbeamte, Verwalter kleiner Forstreviere und Waldbesitzer. Von L. Schilling, Oberförster. Zweite verbesserte Auflage. Mit 32 Abbildungen im Texte und einer Karte. Preis fein kartoniert **2 Mk. 50 Pf.**

Steinheuers Waldhornklänge. Jagd- und Waldlieder, nebst einer Anzahl der beliebtesten Vaterlands-, Volks- und Trinklieder. Ein Lieder- und Kommersbuch für deutsche Forstmänner und Jäger, umfassend 200 Lieder. Zweite Auflage. 11. bis 15. Tausend. Preis steif broschiert **50 Pf.**

Alle Buchhandlungen nehmen jeden Bestellungen entgegen.

J. Neumann, Verlagsbuchhandlung für Landwirtschaft und Gartenbau, Forst- und Jagdwesen, Neudamm.

Sechs amerikanische Salmoniden in Europa. Von Mar von dem Borne = Berneuchen. Mit 2 Abbildungen. Preis geheftet **75 Pf.**

Der Schwarzbarsch und der Forellenbarsch (Black Bass), zwei amerikanische Fische in Deutschland. Von Mar von dem Borne-Berneuchen. Zweite Auflage. Mit 6 Abbildungen. Preis geheftet **1 Mk.**

Die amerikanischen Sonnenfische (Sunfish), Calicobarsch, Steinbarsch, Sonnenfisch, Mondfisch in Deutschland. Von Mar von dem Borne-Berneuchen. Mit 4 Abbildungen. Preis geheft. **40 Pf.**

Der amerikanische Steinbarsch (Rock Bass) in Deutschland. Von Mar von dem Borne-Berneuchen. Mit Abbildung. Preis geheftet **30 Pf.**

Der amerikanische Zwergwels (Small-Cat-Fish) und der Fleckenwels (Spotted-Cat-Fish) in Deutschland. Von Mar von dem Borne-Berneuchen. Mit Abbildung. Preis geheftet **30 Pf.**

Das Wasser für Fischerei und Fischzucht. Von Mar von dem Borne-Berneuchen. Mit vier in den Text gedruckten Holzschnitten. Preis geheftet **1 Mk.**

Die Schädigung der Fischerei durch Haus- und Fabrikabwässer. Von Dr. Carl Weigelt. Preis geheftet **50 Pf.**

Empfehlenswerte Werke über Landwirtschaft etc.:

Keine Futternot mehr! Eine Zusammenstellung der bewährtesten Mittel, dem Boden mehr Futter abzugewinnen und dasselbe höher wie bisher zu verwerten. Von Ökonomierat Dr. C. J. Eisbein. Zweite Auflage. Preis gebunden **1 Mk. 50 Pf.**

Die Drillkultur, ihre Vorzüge, ihre Rentabilität und ihre volkswirtschaftliche Bedeutung. Nebst einer speziellen Anleitung zur Stellung und Behandlung der Drills und Pferdehacken. Herausgegeben von Ökonomierat Dr. C. J. Eisbein, unter Mitwirkung des Ingenieurs Professor F. Schotte. Dritte vermehrte und nach den Erfahrungen der Neuzeit umgearbeitete Auflage. Mit 98 Abbildungen. Preis gebunden **2 Mk. 50 Pf.**

Das kranke Schwein. Ein gemeinverständlicher Ratgeber zur Erkennung, Behandlung und Verhütung der Schweinekrankheiten, sowie zur Beurteilung des Fleisches kranker Schweine. Von Tierarzt Dr. O. Hilfreich. Mit 1 Titelbilde in Farbendruck und 25 Abbildungen. Preis gebunden **1 Mk. 50 Pf.**

Die praktische Landwirtin. Ein Handbuch für angehende Landwirtinnen und junge Hausfrauen auf dem Lande, sowie auch zum Gebrauche für Haushaltungsschulen. Von Minna Peterfen. Mit 130 Abbildungen. Preis einfach gebunden **3 Mk.**, hochelegant gebunden **4 Mk.**

Der rationelle Getreidebau. Von Professor Dr. Hugo Werner. Zweite wohlfeile Ausgabe. Preis gebunden **1 Mk. 50 Pf.**

Die Kuhmilch, ihre Erzeugung und Verwertung. Ein praktisches Handbuch für Viehbesitzer, Milchwirtschaften und Schulen. Herausgegeben von Professor Dr. Hugo Werner, Ökonomierat Dr. C. J. Eisbein, Privatdocent Dr. Schmoeger und Professor Dr. Huther. Vierte verbesserte und auf die Erfordernisse der Neuzeit ergänzte Auflage. Mit 86 Text-Abbildungen und einem Titelbilde. Preis gebunden **2 Mk. 50 Pf.**

Für jede **Haus- und Familien-Bibliothek** können empfohlen werden nachgenannte reich illustrierte und musterhaft abgefaßte Werke:

Entwickelungsgeschichte der Natur. Bearbeitet von Wilhelm Bölsche. Zwei Bände von 103 Druckbogen mit 755 Abbildungen und 16 Tafeln in Schwarz- und Farbendruck. Preis in Leinen fein gebunden **15 Mk.** Jeder Band ist einzeln käuflich; auch zu beziehen in 4 Halbbänden zu je **3 Mk.** oder in 40 Lieferungen à **30 Pf.** Probehefte umsonst und postfrei.

Das Pflanzenreich. Bearbeitet von Prof. Dr. H. Schumann, Kustos am Königl. Botanischen Museum zu Berlin und Privatdocent, Dr. E. Gilg, Assistent am Königl. Botanischen Garten zu Berlin und Privatdocent. Ein Band von 54 Druckbogen mit 480 Abbildungen und 6 bunten Tafeln. Preis fein gebunden **6 Mk.**, hochfein gebunden **7 Mk. 50 Pf.**, auch zu beziehen in 20 Lieferungen à **30 Pf.** Probehefte umsonst und postfrei.

Das Tierreich. Bearbeitet von Dr. Herm. Paul Matschie, Bruno Dürigen, Dr. Ludwig Staby, E. Krieghoff, Professor Dr. v. Martens. Zwei Bände von 140 Druckbogen mit 1455 Abbildungen und 10 bunten Tafeln. Preis in Leinen fein gebunden **15 Mk.** Jeder Band ist einzeln käuflich; auch zu beziehen in 40 Lieferungen à **30 Pf.** Probehefte umsonst und postfrei.

Geschichte der Menschheit — Weltgeschichte. Bearbeitet von M. Reymond. Zwei Bände von 105 Druckbogen mit 541 Abbildungen, 12 Bildertafeln und 10 bunten historischen Karten. Preis in Leinen fein gebunden **15 Mk.** Jeder Band ist einzeln käuflich; auch zu beziehen in 40 Lieferungen à **30 Pf.** Probehefte umsonst und postfrei.

Geschichte der Weltlitteratur nebst einer Geschichte des Theaters aller Zeiten und Völker. Bearbeitet von Julius Hart. Zwei Bände von 118 Druckbogen mit 825 Abbildungen und 17 bunten Tafeln. Preis in Leinen fein gebunden **15 Mk.** Jeder Band ist einzeln käuflich; auch zu beziehen in 40 Lieferungen à **30 Pf.** Probehefte umsonst und postfrei.

Alle Buchhandlungen nehmen Bestellungen entgegen.